나에게
주는
표창장

나에게 주는 표창장

황선만 지음

안녕하지 못한 이 시대 청년들을 응원하는

성공과 감성메시지

생각나눔

사랑하는 아들아!

네가 걸음마를 하던 것이 엊그제 같은데, 벌써 사회에 첫발을 내 딛는구나.

네가 첫 걸음마를 배울 때 많이 넘어졌듯이 사회의 큰 마당에서 걷고 뛰다 보면 넘어질 때가 많이 있단다. 그럴 때마다 걸음마를 배울 때 넘어지면 일어나고, 넘어지면 또 일어섰듯이 사회의 큰 마당에서도 그래야 살아갈 수 있단다.

그런데 걸음마를 배울 때는 아빠나 엄마가 항상 옆에서 돌봐 줬지만, 사회에서는 너 혼자 걸음마를 배워서 걷고 때로는 험한 길을 빨리 뛰어야 할 때도 있단다.

아빠는 시골에서 태어나 도시로 나와 생활하면서 너무 많이 넘어지면서 '나를 잡아주는 사람이 있었으면 훨씬 덜 넘어지지 않았을까?' 하는 아쉬움이 많았다. 그래서 너에게 조금이라도 사회 생활하는 데 도움을 줄 수 없을까 고민하다가 이 글을 쓰게 되었다.

사랑하는 아들아!

아빠는 너에게 상속해줄 물질적 재산은 없다. 이 글이 너에게 주는 유일한 아빠의 상속재산이란다. 그러나 어떤 재산보다 소중한 것이라고 생각한다. 아빠가 30여 년 동안 사회생활하면서 몸과 마음으로 체득한 삶의 지혜이기 때문이다. 아빠가 직장생활 하면서 나름대로 깨달은 성공법칙과 사업과 투자실패에 따른 극심한 경제적 고통을 극복하면서 얻은 지혜와 용기, 그리고 아빠가 지금까지 인간관계를 하면서 느낀 삶의 철학 등을 담은 글이기 때문이다.

네가 평소에 본 대로 아빠는 끊임없이 책을 읽으면서 인생의 길을 찾아왔다. 이 글에는 그동안 아빠가 읽은 책 중에서 힘든 상황이 닥칠 때마다 극복할 수 있는 용기와 지혜를 주었던 내용을 많이 인용하였기 때문에 네가 사회의 큰 바다를 항해하는 데 큰 도움을 줄 것이다.

사랑하는 아들아!

이제 새봄이 되면 네가 사회에 첫발을 내딛는구나.

사회에 나가기 전에 아빠가 살면서 체득한 지혜의 책, 아니 아빠의 실패를 통해서 체득한 성공철학인 이 글을 밑줄 치면서 읽기 바란다. 이 책은 네 인생의 실패를 줄여주고, 성공을 앞당겨줄 수 있다고 확신하기 때문이다.

2014년 1월

아빠, 황 선 만

머리말

　나는 인생을 살면서 가장 힘들 때 나 자신에게 표창장를 만들어 주었다. 자신을 스스로 격려하고, 좋은 자아상을 갖고 용기를 가지고 일어나기 위해서 나의 장점을 부각시켜 내가 나에게 표창장을 만들어준 것이다. 나는 힘들 때마다 스스로 격려하고, 훌륭한 자아상을 갖고 더욱 큰 꿈을 이루려고 내 장점만을 골라서 표창장에 담아 자신에게 표창하고, 그것을 수시로 바라보면서 용기를 얻었다.

　미국의 강연가 겸 작가인 에머슨은 "자기 신뢰는 성공의 첫 번째 비결이다."라고 했다. 자기 존중은 진정한 의미의 자신감을 주게 되어 자신을 믿을 수 있게 한다. 자기를 자신이 존중하지 않는다면 어느 누가 존중하겠는가? 자기는 자신을 비하하면서 다른 사람이 존중해주기를 바란다면 이는 어불성설이다. 다른 사람들은 자기 자신을 존중하는지, 존중하지 않는지를 정확하게 안다.

　우리 자신을 존중하는 것은 끌어당김의 법칙을 긍정적인 방향

으로 이용하는 최고의 방법이다. 자신을 존중하면 자연스럽게 더 많은 장점과 좋은 조건과 바람직한 상황을 끌어들이게 된다.

자기 긍정과 자신에 대한 존중으로 살아가면 끝없는 한숨과 걱정, 두려움은 사라지고 목표에 대한 동기는 완전히 달라진다. 어려운 상황이 닥쳐도 긍정적으로 생각하는 것은 쉬운 일이 아니지만, 그 보상은 엄청나다.

나는 '나에게 주는 표창장'라는 주제로 KBS『강연 100℃』에 출연하였다. 그런데 시간이 너무 짧아서 표창장에 얽힌 인생 이야기를 모두 풀어놓지 못했다. 그래서 이 책에서 그때 못다 한 이야기를 풀어놓고자 한다.

나의 작은 이야기를 읽는 모든 사람이 용기를 얻어 새로운 도전을 하여 행복한 성공을 이루기를 기대한다.

2014년 1월 칠갑마루 산장에서

황선안

| 차례 |

들어가는 글

제1부 꿈을 이루는 방법

제2부 자신을 확립하자

제1부

꿈을 이루는 방법

목표를 세우고 달려왔다

내가 처음 공무원 발령받았을 때는 70년대 후반으로 녹색혁명의 기치를 걸고 새마을 운동이 한창 벌어질 때다. 지금은 지방자치제가 되어 공직 사회에도 많은 변화가 왔지만, 그때는 중앙 집권적 체제하에서 중앙 정부와 지방 정부 간, 도와 시·군, 군과 읍·면 사이가 엄격한 지휘체계가 확립되어 있었다. 면 직원들은 대부분 군청이나 도청으로 전입되는 것을 크게 발탁되는 인사로 여겼다.

그 당시 면사무소 일은 낮에는 책상에 앉아서 사무 보는 시간보다 논밭으로 나가서 농사 지도하는 시간이 더 많았다. 봄에는 모내기하는 일, 여름에는 퇴비 치는 일, 가을에는 추 심경(가을 논 깊이갈이), 겨울철에는 분담 부락, 세금 독려 등등, 현장에서 이리저리 뛰는 것이 우리들의 일과였다. 퇴근 후에도 사색을 하거나 책을 읽는 분위기가 아니고 산만한 생활의 연속이었다.

나는 꿈을 가지고 공무원에 입문하였는데, 실망하였다. 상하 간에 인격적인 대우도 하지 않는 경향이 있었으며, 상급기관에서 지시하면 옳고 그름을 생각할 시간도 없이 막무가내식으로 몰아붙였다.

나는 그런 생활이 싫었다. 그리고 그런 생활이 불만스러워 방황했다. 그런데 나의 생활에 하나의 계기가 마련되었다. 우리 마을에는 조그만 마을회관이 있었는데, 회관에는 마을문고가 있었다. 나는 계속해서 책을 빌려서 읽게 되었다.

솔직히 나는 학창 시절에 교과서 이외의 책을 접할 수 있는 환경이 되지 못하였는데, 이때에 세계 역사, 문화, 종교, 문학 등 제반 분야에 대하여 섭렵하는 계기가 되었다.

나는 한동안 책을 빌려 보다가 서점에 가서 책을 구입해서 읽었다. 그때부터 지금까지 꾸준하게 읽은 책이 어엿한 서재가 되어 아들하고 같이 서재에서 뒹군다. "책 속에 길이 있다."는 얘기처럼 나는 책 속에서 나의 방황하던 인생의 키를 잡게 되었다.

나는 마음을 정립하여 여러 분야에 관하여 공부를 하였다. 이렇게 4~5년 열심히 생활하였는데, 군청 전입시험에 합격하여 청양군청에서 근무하게 되었다. 군청에서 근무하다 보니까 면사무소와는 다르게 사무실에서 차분하게 업무를 수행할 수 있게 되었다.

나는 지속적으로 책 속에서 길을 찾아가면서 생활하고 있다. 면사무소 다닐 때 책을 읽으면서 도청 감사과도 근무해 보고 싶었으며, 면장이 되어야겠다고 목표로 한 적이 있는데, 지금 감사실을 거쳐 목표보다 빨리 면장을 거쳐 다시 도청사무관으로 근무하였고, 서기관을 거쳐 고위공무원(3급)으로 명예퇴직을 하였다.

물론, 9급부터 시작하여 1급까지 승진한 선배들에 비하면 성취의 크기가 작은 것이지만, 내가 처음에 세운 목표를 성취했다는 것을 기쁘게 생각한다. 물론, 지금 나의 목표는 훨씬 더 크다. 단순히 높이 올라가는 목표가 아니라 많은 사람들에게 좀 더 많이 봉사하는 목표를 세우고 매진하고 있다.

그리고 나의 첫 목표가 이뤄졌듯이 두 번째 큰 목표도 반드시 이루어 낼 수 있다고 확신한다. 무슨 일을 하든지 목표가 필요한 것이다. 목표가 뚜렷하지 않은 일은 어그러지고, 잘못된다.

목표가 없다면 물 위에 떠내려가는 부평초같이 될 것이다.

인생이 꿈이 있는 동안은 아름답고 힘이 있으며, 앞에 있는 것을 잡으려고 쫓아가는 동안에는 어떤 어려움도 참을 수 있다. 그리고 우리가 이룰 수 있다고 믿을 때 놀라운 일을 성취할 수가 있다고 본다.

목표가 있는 인생은 그 목표를 위해서 오늘을 열심히 살기 때문에 매일 태양이 새롭게 뜨겠지만, 목표가 없는 인생은 그날이 그날 같기에 헛되이 세월만 보내면서 운수가 대통하면 좋은 일이 생기겠지 하고 막연한 기대와 의타심으로 살아간다.

『너 자신의 미래와 거래하라』란 책을 지은 브라이언 트레이시는 "목표를 명확히 정하고 열렬히 추구하는 가운데 당연히 수반되는 위험을 감수할 채비가 되어있다면 다른 사람이 더 불분명하게, 더 불확실하게 기울이는 노력으로 10년 내지 20년 걸려 이룩할 성과를 1~2년 안에 달성할 수 있을 것이다."라고 말했다.

그런데 인생의 목표를 단순히 부자가 되어야겠다, 출세를 하여 권력을 잡아야겠다 등으로 자기 이기심이나 사욕을 채우기 위한 수단으로 삼아서는 안 된다. 왜냐하면, 이런 것들은 궁극적인 생의 목적이 아니라 그 목표를 수행하기 위한 하나의 방편이기 때문이다.

우리는 인생의 목표를 이웃과 나아가서는 국가에 봉사하는데 초점을 둔다면 더욱 보람될 것이다.

다시 말하면, 나는 백억의 재산을 모아서 복지 사업을 한다든가 학교에 투자한다든지, 아무튼 인류에 공헌하겠다는 근본목표를 세우고, 그 목표에 대한 기획과 구체적인 계획을 세워야 하는 것이다.

그다음 중요한 것은 목표에 대한 풍부한 상상력이다. "인간은 생각한 대로 된다."라는 말이 있다. "생각이 바뀌면 행동이 바뀌고, 행동이 바뀌면 습관이 바뀌고, 습관이 바뀌면 인격이 바뀐다."고 하였다.

상상은 현실이다. 풍부한 상상력으로 목표를 세우려면 우선 자신의 위치를 정확히 파악해야 한다. 자기의 현실을 터전으로 딛고 발전할 수 있는 목표를 상상해야 하는 것이다. 장사를 하면서 의학박사가 되려고 한다든지, 공무원을 하면서 음악가나 가수가 되겠다는 목표는 실현 가능성이 적을 것이다.

자기의 현재의 위치와 현재 실력, 나이 등등 모두를 세밀히 검토하여 앞으로의 가능성에 도전할 목표를 세우고 그에 대하여 상상하면서 주어진 일에 최선을 다하는 것이다.

나는 이 글을 쓰면서 나의 목표를 구체적으로 종이에 정리하고 다짐하였다. 기필코 성취하리라고. 그리고 성취되리라고 확실히 믿는다. 내가 계획한 것보다 더 빠르고 더 멋지게.

모든 이의 칭찬은 원치 않는다

　나의 첫 번째 인생의 방황한 시기는 고등학교 졸업하고 집에서 놀 때다. 대학 진학을 장학생으로 할 정도의 실력은 되지 않고, 등록금을 내고 들어갈 형편은 못 되어 고향에 가서 놀고 있었다. 고등학교 3학년 후반기부터 비뚤어져 가기 시작한 나의 사고思考는 세상이 부정적으로 보였다.

　고향에 가서 특별히 할 일 없이 방황하게 되자 주변에 있는 술 친구들과 사귀게 되었다. 우리 고향 근처에는 청양군과 홍성군이 냇물 하나를 두고 경계를 이루고 있는 지역으로 속칭 '판문점'이란 장터가 있었는데, 술집과 유흥가가 오래전부터 발달된 곳이다. 그곳에서 술 먹고 싸우다가 경찰이 나타나면 냇물 다리를 넘어 도망오면 타군 지역이기에 쉽게 피할 수 있어 젊은이들이 술 먹고 놀기 좋은 곳이다.

나는 낮에는 잠을 자고 저녁이 되면 몇몇 친구들과 함께 판문점에 가서 술을 먹으며, 세상을 원망도 해보고 타 지역에서 온 친구들과 멱살도 잡곤 하였다.

동네 어른들은 나의 행동을 보면서 많은 비난의 소리를 하였다. "제 부모가 촌에서 없는 살림에 고등학교까지 가르쳤는데, 낮에는 빈둥거리고 저녁에는 술 먹고 방황하니 무슨 꼴이야." 특히 말하기 좋아하는 사람들의 입에 내 얘기가 오르내린 지 오래였다.

우리 부모님 마음이 정말 많이 아프셨을 것이다. 그러나 그때는 왜 그랬는지, 기성세대와 세상에 대하여 반항적이었고 누구의 설득도 귀에 들어오지 않았다.

지금 가만히 생각하여 보니 청소년기로서 사춘기인데, 나의 주변에 있는 어른들의 가치관을 내가 감당하기에 너무 힘들자 역설적으로 나온 나의 행동이 아니었나 생각된다.

나는 여기에서 깨닫게 되는 것이 있다. 기성세대의 가치관을 청소년 세대들에게 주입식으로 강요하는 것보다는 그들만의 생각들을 진지하게 들어주려는 노력이 필요함을 알 수 있었다.

나는 그런 방황을 1년 정도 한 후에 공무원 시험에 합격하여 공무원이 되었다. 그 후 얼마 동안 방황하던 친구들과 사귀다가 내

생활에 변화의 계기가 된 이후에 내가 새롭게 살려고 행동을 하자, 그 친구들이 배신감을 느낀다면서 나를 집요하게 괴롭혔다.

나는 그때부터 많은 양서를 읽기 시작하였는데, 책을 통해 삶의 지침을 세워나갔으며 그들의 유혹도 강하게 뿌리치게 되었다. 그렇게 수개월 동안 변화 있는 생활을 하자 그 친구들도 나를 괴롭히는 일을 포기하였다.

지금은 그 친구들도 모두 새로운 마음으로 어엿한 사회의 중소 사업가들로 활동하고 있다. 나는 이 일을 통하여 다른 사람들의 비난을 받아가면서, 특히 자기의 가까운 주변에 있는 사람들로부터 받는 비난 속에서 삶을 극복하기가 얼마나 힘들고 어려운 일인가를 알게 되었다.

그리고 그 길이 옳은 길이라면 어떠한 비난을 받는다 해도 끝까지 굽히지 않고 나가면, 결국 자기 자신은 물론 주변의 모든 사람에게도 유익하게 된다는 사실을 깨닫게 되었다.

자기의 행동을 주변 사람들의 가치관에 두지 말고 진리나 공의의 터 위에 굳게 잡아매 두고 자신의 가치관대로 담대하게 행동해야 한다. 이렇게 살면서 중간에 잘못된 길로 접어들었을 경우에 잘못을 깨달은 즉시 바른길로 가야 한다.

그런데 이렇게 행동하면 인간의 왜곡된 상상력은 자신에게 크게 불이익이 오고, 모든 사람에게 비난의 대상이 될 것이라고 속삭인다. 그러나 절대 여기에 속지 말아야 한다. 현재 존경받고 있는 사람들을 주의 깊게 살펴보라. 나약하고 의지가 없는 사람은 결코 그 누구의 존경도 받지 못함을 알게 될 것이다.

역설 같지만, 상대방의 의사意思대로 고분고분하기보다는 오히려 자신의 목표가 실패로 끝날지라도 그 목표를 밀고 나가는 사람이 더욱 상대방의 애정과 존경을 받는다.

역사적으로 봐도 항상 소극적이고 현상유지에 급급한 다수의 무리는 언제나 진리의 입장에 선 자들을 실컷 비난하다가 그 자가 성공하면 다시 180°로 말을 전환하여 존경과 아울러 칭찬의 박수갈채를 보내왔다. '내가 이런 말을 하면 주위 사람들이 어떻게 생각할까? 내가 행동을 바꾸면 비웃겠지…' 등의 생각들은 모두 쓸데없고 무익한 몽상이자 염려인 것이다.

원하지 않을 경우에는 남의 청(돈, 시간 등)을 거절해야 한다. 거절하기 곤란하다고 우물쭈물하거나 다른 핑계를 댄다면 결국 어정쩡한 위치에 놓이게 된다.

거절할 것이라면 단호하게 거절하라. 처음부터 태도를 명확하게 보여줌으로써 공연한 시달림을 막을 수 있고, 솔직한 인격을 보여주게 되어 결국 신뢰받게 된다.

어떤 일을 하든지 소신이 있어야 한다. 소신 없이 굽실거리기만 하여서는 자기 일을 책임감 있게 할 수 없다. 아무리 자기의 위치가 낮다고 하여도 자기의 소신을 가지고 일을 추진해야 한다. 결재나 협의 과정에서 상사나 동료의 의사를 반영시켜 가면서 최종적으로 결정해야 하지만, 처음에는 분명한 자기의 소신이 있어야 한다.

소신을 갖기 위해서는 많은 책을 통하여 폭넓은 인생의 간접경험을 쌓고, 많은 사람들과 대화를 통하여 삶의 폭을 넓혀가야 한다고 본다. 왜냐하면, 소신을 가진다고 하면서 잘못하면 아집에 빠질 수도 있기 때문이다.

특히, 공무원들은 정보의 한계에 부딪치기 쉽다. 왜냐하면, 사회의 다양한 계층과의 접촉이 많지 않기 때문이다. 공무원들은 다양한 계층의 사람들과 교제해야 한다.

중소기업 사장과 직원들, 교수와 학생, 시장에서 구멍가게 하는 친구, 영업용 택시로 운전하는 기사, 망치를 들고 건축하는 목수 등등 가지가지의 직업을 가진 친구들과 각자 살아가는 얘기를 하면서 서로 정보를 교환해야 하는 것이다.

이러한 기반 위에서 소신 있게 살아야 한다. 이렇게 소신 있게 행동하다 보면 일부 사람들로부터 비난을 받을 수도 있다.

우리는 살면서 모든 사람으로부터 칭찬을 받을 수는 없다. 그리고 모든 사람들의 칭찬을 받을 필요도 없다. 자기의 가치관을 세우고 소신과 원칙에 따라 살아가는 것이 더 중요하다.

노래로 아침을 열자

　현대 사회는 정보화 시대이다. 신문이나 TV 또는 인터넷 등 매체를 통하여 전국, 아니 세계 곳곳에서 일어난 사건, 사고를 실시간으로 접할 수 있다. 그런데 신문이나 TV 뉴스 등을 보면 긍정적이고 적극적인 내용보다는 부정적이고 파괴적인 내용이 주류를 이루고 있다.

　물론, 세상에는 착한 일을 하는 사람들도 많지만, 부정적인 사건이 더욱 대중들의 관심을 끌 수 있기 때문에 이런 뉴스를 더 많이 보도하는지도 모른다. 적극적인 각오로 하루를 시작해도 생활 현장에서 부정적인 생각과 믹서가 되어 삭감되는데, 아침부터 TV나 신문의 사고내용 등 부정적인 내용을 먼저 머릿속에 넣으면 그날 하루의 생활은 부정적으로 흐르기 쉽다. 세상은 긍정적이고 적극적인 자세를 취하는 자에게 미소를 짓는다. 그러나 진리를 떠나 적극적이기만 한다면 혁명가적인 인격이 되어 다른 사람에게 해를 끼칠 뿐 아니라, 자기 인생도 파멸로 이끌어 가게 되기 때문에 명언이나 진리의 묵상을 전제한 적극적인 자세가 필요한 것이다.

그러기에 아침에 기상하여 즐거운 노래와 적극적인 글을 묵상하고 하루의 일과를 시작하는 것은 자기 인생을 성공적으로 이끄는 데 필요한 것이다.

아침에 눈을 뜨면 먼저 성공적인 생활을 하리라고 다짐하고 생활 현장으로 나가는 일은 군인이 완전 무장을 하고 전선에 가는 것과 같은 것이다.

에디슨은 "보다 명백한 사고를 하려면 어수선하지 않게 그의 상념을 붙잡아 확고히 할 수 있는 혼자만의 일정의 시간을 마련해야 한다."라고 하였다.

묵상은 우리 생활에 좋은 일들이 일어나도록 하는 무한한 힘을 지니고 있다. 나는 기상하자마자 묵상할 수 있는 글을 몇 구절 읽은 후에 산책하면서 사색한다. 현대인들의 도시생활을 살펴보면 대부분 시간에 쫓겨 허둥지둥 버스나 자가용 등 차를 타고 직장으로 달려간다.

오늘 어떤 일을 해야 할 것인지는 직장에 나가봐야 아는 것이고, 우선 출근 시간 맞추기가 바쁜 것이다. 그리고 직장에 도착하면 일이 떨어지는 대로 처리하여 나가는 것이 대부분 현대인의 스타일인 것 같다.

그러나 일이라는 것은 항상 어제 한 일과 연결되는 것이다. 갑자기 예기치 못한 일도 가끔 발생하지만, 그러나 보통 직장일은 년 초의 계획과 월초, 주초의 계획이 있는 것이다.

그리고 이런 계획이 없다 할지라도 자기가 어제 추진하던 일이 오늘 해야 할 일이다. 그렇기 때문에 출근하면서 차 안에서나 걸으면서 오늘 내가 해야 할 일이 무엇인가를 머릿속에 정리하여 출근 직후 탁상일기에다 기록한 후 우선순위를 정하여 계획에 따라 일을 하면 일의 성과를 더 올릴 수 있다.

하루의 계획을 세우고 생활하는 것은 아주 중요한 일이다. 인간은 누군가의 계획에 지배를 받는다. 자기의 계획이 없으면 다른 사람의 계획에 지배받고 사는 것이다. 그러므로 스스로 하루의 계획을 세우지 않으면 다른 사람들의 계획을 달성시켜주는 엑스트라 역할밖에 되지 못하는 것이다.

오늘 하루는 자신에게 달려 있다. 자기 자신이 어떻게 계획하고 실천하느냐에 따라 오늘 하루가 결정된다. 나쁜 결과이든 좋은 결과이든 모두 자신의 계획에 의해서 결정되는 것이다. 좋은 결과를 얻는 방법은 하루의 계획을 세우고 삶의 현장에서 적극적으로 사는 것이다. 인생은 스스로 희곡을 쓰고, 스스로 연출하고, 스스로 배우가 되어야 한다.

오늘 24시간을 어떻게 운용해야 하겠다고 아침에 철두철미하게 계획을 세운 후에 세상에 나가야 한다. 혹시 현실 생활에서 자기 계획을 변경하여만 될 일이 생길지도 모르지만, 그때는 다시 생각한 후 계획을 수정하더라도 아침에 하루의 계획을 세워두는 것이 아예 계획 없이 세상에 몸을 던지는 것보다는 훨씬 성공적인 삶을 살 수 있는 것이다.

나도 생활해 보면 계획을 세우고 가는 날과 바쁜 일정 속에 무계획적으로 나간 날의 성과는 크게 비교됨을 알 수 있다.

그리고 세운 계획에 따라 행동하고 순간적인 감정에 몸을 던지지 않는 것이 중요하다. 감정은 하루에도 수십 번씩 바뀌며, 특히 인간의 감정은 아주 변덕스럽기 때문이다.

행동을 할 때 아침에 세운 계획을 마음속에서 끄집어내고, 감정이 앞설 때에는 남자답게 억제하고 가능한 한 자기의 계획을 고수하는 것이다. 고요한 아침 시간에 세운 것이 혼탁한 생활 가운데서 우러나는 감정보다는 더 바른길로 인도하기 때문이다. 그리고 아침에는 정신이 맑아 번쩍이는 아이디어도 나올 수 있다.

언젠가 면사무소 다닐 때 아침에 화장실에 앉아서 도정 신문의 제안 모집 공고문을 보게 되었다. 그때 면사무소 행정 중에서 문제가 되는 것이 두 가지가 있었는데, 반상회가 형식적으로 운영되는 것과 농어민 후계자가 정부에서 융자를 받아 실패하는 사례가 많았다.

그래서 이 두 가지를 접목해 농어민 후계자 중에 실패한 자, 성공한 자, 실패 후 성공한 자들을 반상회 강사로 초빙하여 도내에서 지역 특성이 같은 마을별로 순회하면서 반상회에서 체험담을 발표한 후에, 그 지역 청장년들과 실질적으로 농어촌 소득을 올릴 수 있는 방안을 모색한다면, 반상회의도 활성화될 뿐만 아니라 다른 지역 농어민후계자들의 주옥같은 경험을 들을 기회의 장이 될 것이라는 아이디어를 제안하여 부지사 앞에서 브리핑하는 영광은 물론, 상장과 상금을 받은 경험이 있다.

그때 이후에 나는 생활하면서 창의적인 아이디어를 메모해 두는 버릇이 생겼다. 그래서 나의 노트는 다양한 아이디어 뱅크가 되었다.

신규 면서기가 부지사 앞에서 발표하기는 쉽지 않다. 그런데 나는 떨리지 않고 자신 있게 발표했다.

나는 대중 앞에서 발표하거나 다른 사람들을 설득하는 능력이 있는 것 같다. 그리고 이런 상장을 받을 수 있는 것도 아침을 노래하면서 즐겁게 여는 나의 습관 때문에 아이디어를 얻을 수 있었다. 아무튼, 아침을 노래하면서 즐거운 마음으로 시작하면 모든 일이 잘 풀린다. 부정적인 생각을 멀리하고 즐거운 마음으로 아침을 열자.

나만의 명작을 그리자

청양신문사에서 원고 부탁이 왔다. 무슨 얘기를 소재로 하여 글을 쓸까 고민하다가 내 고향 청양은 사회기반시설이 열악한데 살리는 방법이 없을까 생각하다가 '청양만의 장점을 찾아 명작을 만드는 것이라.'라는 아이디어가 떠올라서 이 글을 써서 보냈다.

나는 충남 도내 16개 시군에 대하여 감사활동을 벌이면서 시군 실정을 비교해 볼 기회가 있다.

고속전철이 개통되고, 대단위 공단 등이 활발하게 개발되고 있는 천안·아산지역은 인구가 지속적으로 증가하고 있으며, 서해안고속도로가 관통하고 서해안시대가 개막되면서 서산·당진·보령 등 서부지역은 수도권에서 접근하기 쉬워 산업입지조건이 개선되고 있어 공장수요가 발생하면서 발전의 동력을 얻어가고 있다. 그런데 내

고향 청양은 지리적인 조건에서 기업 환경이 부족한 편이다.

어디에 가든지 '청양'이란 마크를 이마에 붙이고 다니는 내가 우리 고향을 기죽이거나 나 자신이 기가 죽기 때문에 하는 말이 아니다.

민선 자치시대, 무한경쟁시대를 맞이하여 "적을 알고 나를 알면 백전백승!"이라는 손자병법의 말대로 다른 자치단체를 알고 우리 자신을 정확하게 파악하여 이길 수 있는 정책을 개발하여 실천하여 보자는 얘기를 하기 위해서이다.

대전−청양 간 국도 변, 청양관문인 목면에 "기업 하기 좋은 청양"이란 입간판이 크게 세워져 있다. 물론, 이 말은 기업지원 행정시스템 등 소프트적인 부분까지 표현하였으리라고 생각되지만, 도로여건 등 기업 활동 환경 면에서는 타 시·군에 비해서 열악한 것이 현실이다.

정보화·글로벌 사회에서 성공하기 위해서는 개인이든 자치단체든 간에 약점을 보완하기보다는 타고난 장점을 극대화하는 것이 더욱 성공할 수 있는 확률이 높다.

초등학교 동창 중에 서울 일류대학교를 졸업하고 대기업에 폼내면서 입사했던 친구는 50세 전에 퇴출당하여 실업자 신세가 되었는데, 초등학교 졸업 직후에 속칭 '식당보이'로 들어간 친구는 양식요리 기술을 갈고 닦아 일류 호텔에서 서로 데려가려고 하는 가운데 몸값이 치솟고 있다.

그 친구가 하는 말, "나는 다른 지식도 없고 해서 오직 요리하는 기술에 매진하였다."고 한다.

이 얘기 중에서 청양이 살 수 있는 지혜를 얻을 수 있다고 생각한다. 교통 등 제반 여건이 좋은 천안이나 아산시와 똑같이 기업유치에만 매달린다면 청양은 아무리 노력을 해도 한계가 있으며, 경쟁에서 질 수밖에 없을 것이고, 우리 청양만이 가지고 있는 장점을 찾아서 전략적으로 집중하여 개발한다면 오히려 성공확률을 훨씬 더 높일 수 있을 것이다.

일본에 사회기반시설이 열악한 겨울에 눈만 많이 내리는 산골 우체국장이 눈사람을 만들어 도쿄 등 대도시로 판매하자고 제안하자 모두 비웃었는데, 실제로 눈사람을 만들어 플라스틱 상자에 넣어 냉동차로 택배하여 준다고 인터넷에 광고하자 주문이 폭주하면서 성공하였다는 얘기를 들었다.

『영혼을 위한 닭고기 수프』의 저자인 앨런 코헨은 내 것이 아니면 모두 버리라고 하면서 "자신이 진정으로 성공을 거둘 수 있는 길은 다른 사람을 흉내 내기보다는 자기 자신이 되는 것이다. 각자 타고난 독특한 재능을 계발하는 것이며 자신에게 어울리지 않는 꿈은 과감하게 버려라."라고 말하였다.

아무튼, 우리 청양이 살길은 청양만이 가지고 있는 장점과 특징을 극대화 시키는 일이라고 생각한다.

지난 2005년 4월 4일 자 청양신문 8면에 "친환경 구기자 근당 3만 원, 없어서 못 판다"면서 기술력 부재로 전국 최고의 생산지임에도 불구하고 소비단체에서 1천 근을 계약 요청하였는데 무농약 품질인증을 받은 구기자가 모자라서 공급하지 못하는 실정이라는 기사를 보았다.

구기자 전국 최고의 생산지라는 환경은 하루아침에 만들어지지 않는 청양만의 장점이다. 이런 좋은 점을 더욱 극대화하여 소비자 입맛에 맞도록 저농약 품질인증이나 무농약 품질인증 등을 받을 수 있도록 정책지원이나 재배지도 등을 하는 것은 행정의 책임일 것이다.

미국의 창의력을 주는 베스트셀러 작가 마이클 린버그는 너만의 명작을 그리라고 하면서 "가치 있는 인생을 살기 위해서는 자신에게 주어진 특별한 능력을 사용하여 개발해야 한다. 그리고 도전의 기회가 올 때 최선을 다하여야 한다."라고 말하였다.

아무튼, 요즘처럼 전국적 아니 전 세계적으로 경쟁하는 시대에는 청양만의 그림을 그리는 길이 살길이라고 생각한다. 다른 자치단체에서 성공한 일이라고 따라서 하는 것은 승률이 적다. 청양인들, 특히 청양군 공무원들은 청양만의 독특한 그림을 그려나가야 할 것이다.

현재 별 볼 일 없어도 그곳에서 출발하자

크게 성공한 사람들을 살펴보면 처음에는 별 볼 일 없는 곳에서 시작하였음을 알 수 있다. 우리나라 대기업인 현대그룹회사의 효시嚆矢는 고故 정주영 회장이 1940년에 설립한 서비스공장이었으며, 삼성그룹의 효시는 고故 이병철 회장이 1936년에 설립한 협동정미소이다.

요즘 젊은 친구들은 처음부터 폼나는 직장을 선호한다. 그래서인지 대학을 졸업해도 직장 잡기가 하늘에서 별 따기만큼이나 어렵다고 한다.

그런데 내 친구들을 보면 처음에 폼나는 직장을 잡았다고 목에다 힘주던 친구들은 40대 후반에 모두 실업자가 되었는데, 처음에는 별 볼 일 없는 곳에서 일하던 친구들이 한 가지 기술에 승부를 걸어 탄탄한 재력을 가지고 생활하는 친구들이 많다.

내가 책에서 감명 깊게 읽었던 얘기를 소개해 보겠다. 1960년 칼로스는 쿠바에서 가장 큰 은행에 근무하며 승진과 아름다운 미래를 바라보면서 벅찬 나날을 보내고 있었다. 그런데 어느 날 아침 출근해 보니 모든 민간 은행들이 카스트로 공산당 치하로 들어가게 되었다.

그로부터 3주일 후 칼로스는 아내와 어린 자매를 데리고 낯선 땅 미국으로 이주했다. 당시 그의 수중에는 42달러밖에 없었다. 그는 처음에 일을 구하지 못해서 많은 어려움을 겪었다.

어느 은행에도 그가 일할 만한 자리는 없었다. 할 수 없이 신발 공장 관리 사원으로 취직, 6개월을 일했다. 그로부터 얼마 후 그 공장과 거래하는 은행에 일자리를 구할 수 있게 되었다. 그리고 그는 마침내 현재 미국에서 가장 성공한 은행원의 한 사람이 되었다.

자유를 찾아 미국으로 망명한 한 쿠바인이 마이애미에서 가장 큰 은행의 은행장이 된 것이다. 이는 출발점이야 어떻든 그곳에서 최선을 다할 때 성공할 수 있다는 증거이다.

출발점이 중요한 것이 아니다. 중요한 것은 종착점이다. 주어진 사명이 무엇이든 간에 그것을 완수하는 태도가 중요한 것이다. 세계 제2차 대전 때 에이브램스 장군과 그의 부하들이 완전히 포위당하게 된 적이 있었다. 적은 북쪽, 동쪽, 남쪽, 그리고 서쪽에 있었다. 즉, 사방포위 상태였던 것이다. 이 소식을 듣고 장군이 용기백배하게 말했다. "여러분, 이 전쟁이 시작된 지 처음으로 우리는 지금 사방으로 공격할 수 있는 좋은 위치에 놓여 있습니다." 에이브램스 장군은 삶에 대한 욕망과 승리의 욕망이 있었다.

상황이 문제가 아니라 우리가 그것에 대해서 어떤 자세를 가지느냐 하는 것이 문제이다. 즉, 주어진 레몬이 아니라 그것을 어떻게 활용하는가가 중요한 것이다. 우리는 주어진 상황에 대해서 특히 소극적인 상황에 대해서 적극적 반응을 보여야 한다.

소아마비에 걸린 두 사람이 있었다. 한 사람은 워싱턴 거리에서 찾아볼 수 있는 거지였고, 다른 한 사람은 루스벨트 대통령이었다. 똑같은 소아마비에 걸렸지만, 한 사람은 거지가 되고 다른 한 사람은 미국 대통령이 되었다.

폭풍우가 집을 강타하였다. 악마의 바람이 한바탕 휩쓸고 지나간 뒤에는 대부분 사람들은 절망 가운데 빠진다.

그런데 적극적인 사고주의자는 그런 상황 앞에서도 폐허가 되다시피 한 집을 바라보면서 이렇게 말한다. "우리는 이제 마음대로 어디로든지 갈 수 있구나. 이삿짐을 챙길 필요도 없게 되었어….

오히려 새로운 곳에 가서 새로운 일에 도전해 볼 수 있는 기회야."

궁핍한 생활을 좋아할 사람은 없다. 누구든지 폼나게 살고 싶어 한다. 특히, 나는 어려서부터 폼 잡기를 좋아했다.

면서기 처음 들어갔을 때는 오토바이를 남보다 일찍 구입해서 폼을 잡았고, 그 이후 대전으로 나와서는 자동차를 여러 번 바꿔 타면서 헛폼을 잡았다.

그런데 그렇게 외형적으로 폼을 잡아 봤지만, 그런 것으로는 폼이 잡히지 않는다는 것을 늦게 깨달았다. 물론 폼을 잡으면서 느끼고 깨달은 것도 있지만, 실질적인 폼은 일을 열심히 하여 실질적으로 성공하는 것이 폼나는 인생이다.

다행스러운 것은 헛폼을 잡아가면서 책을 보고 글을 쓰는 일을 계속하면서 좀 더 깊이 있는 생활을 하게 된 것이다. 헛폼 잡는 것을 깨는 것은 매우 힘이 든다. 그것 때문에 몇 번이고 깨지고 부서진 다음에서야 정신을 차리게 되는 것 같다.

자기의 현실상황에 100퍼센트 만족하는 사람은 드물 것이다. 대부분 사람은 자기 위치에 대하여 불만족스런 부분이 있을 것이다. 특히, 신입사원 등 사회생활을 처음 시작하는 친구들은 불만족스런 부분이 많을 것이다.

나는 이런 친구들에게 말하고 싶은 것은 아무리 별 볼 일 없는 일이라도 자기개성에 맞고 앞으로 가능성이 있다고 판단되면 최선을 다해보는 것이 중요하다. 최선을 다하다 보면 길이 열리게 되어있다.

자기 자리는 자기가 빛을 내는 것이다. 다른 누구도 대신하여 빛을 내 줄 수 없다. 똑같이 목수 일을 시작해도 대목大木이 되느냐 별 볼 일 없는 잡부가 되느냐 하는 것은 오직 자기 자신에게 달린 것이다.

지금 자기가 있는 곳은 99%가 자신의 선택에 의한 것이며, 나머지 1%가 순수하게 주어진 상황이라는 사실을 인식한다면 실제 상황은 더욱더 좋아질 것이다.

자신이 선택한 위치를 좋아하지 않는 등 자기를 희생시키는 습관을 중단하자. 현재 상황에 대해 불평하면서 기분을 상하게 한다면, 더욱더 그 상황을 오래 지속시키게 될 뿐이다.

그 대신에 주어진 상황에서 창의적이며 활기 넘치는 생활을 할 기회를 만들기 위해 노력하다 보면 자기 일에서 보람을 찾을 수 있으며, 그 일을 통하여 자기를 성취해나갈 수 있다.

출발점이 중요한 것이 아니다. 중요한 것은 종착점이다. 주어진 환경이 어떻든 간에 그곳에서 새로운 마음으로 크고 원대한 목표를 향하여 벽돌을 하나씩 쌓아 나가자.

꿈이 이뤄졌을 때의 설레는 감정을 즐겨보자

누구에게나 꿈이 있다. 한 나라의 대통령이나 세계적인 재벌이 되는 꿈이 아닐지라도 자신만의 꿈과 소망이 있는 것이다. 물론 꿈을 잃어버린 사람들도 있겠지만, 꿈이 없는 자보다 더 불행한 사람은 없다고 생각한다. 특히, 힘들고 어려울 때일수록 꿈을 가지고 살아야 고난을 잘 극복 할 수 있다. 그런데 요즘 자라나는 어린이들은 꿈이 없는 애들이 많은 것 같다.

많고 많은 사람들의 꿈도 다양할 것이다. 건강을 잃은 사람들의 꿈은 건강을 찾는 것이요, 사업 실패를 한 사람은 경제적으로 새로 일어나는 것이요, 직장생활 하는 자들은 한 차원 높은 직위로 승진하는 것이요, 도를 닦는 도인은 득도得道하는 것이요, 사회사업가는 더 좋은 사회를 만드는 것이요.

아무튼 사람들도 많고 많지만, 그들이 이루기를 원하는 꿈도 많고 많은 것이다. 누구나 '이렇게 이뤄졌으면 얼마나 좋을까?'라고 생각하는 모델이 있을 것이다. 그렇다면 이렇게 생각해보면 어떨까? 자기의 꿈이 이뤄졌을 때의 감정은 어떤 감정인지를 알아보아 자기 꿈이 이미 이뤄 졌다고 상상하면서 그 감정을 느긋하게 즐기는 것이다.

이것은 자기 꿈을 이루는 데 중요한 한 방법인 것이다. 나는 이십여 년 전에 공직에 처음 입문하여 밤에 숙직할 때 면장실에 있는 푹신푹신한 안락의자에 몸을 깊숙이 파묻은 채로 내가 면장이 된 것 같은 기분을 느끼면서 동료 직원에게 '황 면장님'이라고 불러 보라고 하였다.

그런데 그때는 꿈만 같은 얘기였는데, 군청과 도청의 주요 부서를 거쳐 젊은 나이에 면장이 되어 안락의자에 앉아 더 큰 꿈이 이뤄진 모습을 즐기고 있다.

재미있는 것은 그때 내가 황 면장님이라고 불러보라고 할 때 나보고 건방지다면서 당장 소파에서 내려오라고 큰소리치던 선배공무원은 내가 도청 주요부서를 거쳐 면장(사무관)이 되었을 때까지 면사무소 계장을 하고 있었다. 나는 꿈의 중요성을 알려주기 위해서 뿐 아니라 나의 특유의 장난기가 발동되어 그 선배한테 전화

를 걸어 나보고 '황 면장님'이라고 불러 보라고 했더니, 그 선배님
은 "야! 실제 황 면장이 되었네. 축하한다."라고 해서 저녁을 함께
하면서 옛 추억담을 하였다.

미국의 유명한 변화 심리학자이자『네 안에 잠든 거인을 깨워
라』의 저자이기도 한 앤서니 라빈스는 "꿈이나 목표를 달성하기
위해서는 목표를 달성했을 때 느끼게 될 기쁨을 미리 느낄 수 있
도록 자신의 신경 시스템을 조건화해야 한다.

다시 말해서, 하루에 적어도 한두 번씩 그 소중한 목표들이 하
나씩 이루어지는 것은 머릿속에 상상하고 그 기쁨을 느끼도록 해
야 한다.

이 작업을 할 때마다 꿈이 이루어지는 장면을 보고, 느끼고, 소
리를 들으면서, 더욱 강렬한 즐거움을 느껴보아야 한다. 이렇게
계속하면 머릿속에서 현재의 위치에서 앞으로 원하는 위치로까지
의 신경회로를 연결하게 된다. 이것을 강하게 조건화하면 소망을
반드시 이룰 수 있다는 확신이 마음속에 자리 잡게 되고, 이 확
신이 성공을 보장하는 최선의 행동을 끌어낼 것이다."라고 말하
고 있다.

자기의 꿈이 이루어진 모습 속에 빠져들어 가서 그 감정을 느껴
보는 그 자체의 즐거움만도 매우 큰 것이다.

우리의 상상력은 무한하다. 제주도도 못 가본 사람이라 할지라도 세계 유명관광지를 사랑하는 사람과 함께 여행하는 그림을 상상할 수 있다.

망치를 들고 공장에서 일하는 젊은이도 십여 년 후에 어엿한 사장이 된 모습을 상상할 수 있는 것이다.

우리는 자주 이런 상상을 하면서 자기 꿈이 이루어졌을 때의 감정을 느껴보면서 살아갈 때 성공을 한 단계 앞으로 끌어당길 수 있다.

존 베이스필드는 "인간은 육체와 마음, 그리고 상상력의 구성체이다. 육체에는 약점이 있고, 마음은 늘 믿을만한 것이 못 되지만 상상력은 보다 좋아하는 것들을 이 세상에서 실제로 행하게 해준다."라고 말했다.

미국 스탠퍼드 대학에서는 대학 테니스팀의 선수들을 상대로 신경 근육 활동에 대해 과학적으로 연구한 결과, 선수들이 의자에 앉아서 정신 활동만으로 팔 운동과 몸 운동을 할 수 있는 한 가지 방법을 연구해 내었다.

실제로 많은 사람들이 자신이 바라는 것을 마음속으로 계획을 세움으로써 이룰 수 있다는 사실이 밝혀지고 있다.

올림픽 선수들에게만 이런 방법이 적용되는 것이 아니다. 우리 모두 일상생활에서 똑같은 효과를 얻을 수 있다고 생각한다.

현실이 어려울수록 미래의 꿈을 상상하면 오늘의 어려움을 극복하는 데도 도움이 된다. 가장 편한 자세로 앉든지 누워서 미래의 자기 꿈이 이뤄졌을 때를 상상하는 것이다.

우리의 뇌는 상상과 현실을 구분하지 못한다. 우리가 정보를 받아들일 때 의심 없이 믿게 되면 뇌는 상상과 현실을 구분하기 어렵다. 중요한 것은 상상에서 비롯된 것이라 할지라도 뇌는 그 차이를 인지하지 못하고 반응하기 때문에 현실에서도 많은 변화를 일으킬 수 있다는 점이다.

뇌를 활용하는 방법은 결과적으로 이루어지는 뇌의 작용을 미리 체험케 하는 것이다. 즉, 강한 믿음을 뇌에게 주고 이미 이루어진 상황을 상상케 하는 것이다.

미국 미시간 대학 의과대학의 욘-카르 주비에타 박사는 '신경과학전문지(Journal of Neuroscience)'에 발표한 연구보고서에서 가짜 진통제를 진짜 진통제라고 속여 먹였을 때 뇌에서 자연 진통물질인 엔도르핀이 분비된다는 사실을 발표했다.

어느 쪽이든 뇌는 생각하는 대로 에너지를 만들어낸다. 이러한 뇌의 메커니즘이 우리에게 주는 시사점은 명확하다. 긍정적 마인드와 무엇이든 할 수 있다는 자신감, 강렬한 믿음이 함께할 때 상상의 힘은 현실로 이어진다.

교육현장과 학부모들에게 큰 호응을 얻고 있는 『아이 안에 숨어 있는 두뇌의 힘을 키워라』에서 저자 이승헌은,

"뇌는 상상과 현실을 따로 구분하지 않는다. 원하는 것을 적극적으로 꿈꾸고 상상해보라. 머릿속으로 꿈을 이룬 모습을 상상하면서 그렇게 될 것을 믿고 성과가 현실로 나타날 때까지 끊임없이 도전하라. 꿈과 상상은 잠자고 있는 90퍼센트의 뇌를 개발할 수 있는 유일한 도구이다."라고 말했다.

어린아이 같은 순진한 얘기라고 하는 사람들도 있겠지만, 동서고금을 보면 이런 방식으로 꿈을 성취한 사람들이 헤아릴 수 없이 많다.

이러한 방식이 실증적으로 입증된 것이다. 누구에게나 꿈이 있을 것이다.

그 꿈이 이루어진 모습 속에 빠져들어 가서 그 감정을 느껴보자. 그리고 이미 성취되었다고 상상하고 설레면서 좋아하면서 살다 보면 상상한 그 모습 그대로 현실로 나타날 것이다.

제2부

자신을 확립하자

자신을 확립하면 비난에도 흔들리지 않는다

당당하게 살자

자기 자신에게 충실하자

신념은 첨단과학의 힘보다 크다

성공의 절대 요소는 올바른 판단력

나는 오늘의 시간을 완전 연소시키고 있는가

자신을 확립하면 비난에도 흔들리지 않는다

인간은 사회적인 존재이다. 그래서 주변에서 비난을 받게 되면 마음이 흔들린다. 요즘 학생들 가운데 '왕따'가 되면 학교생활을 하기 싫어지고, 심하면 자살 충동까지 느끼는 것도 비난에 잘 대응하지 못하기 때문이다.

우리는 살면서 때때로 비난을 받을 수밖에 없다. 왜냐하면, 인간은 불완전한 존재이며, 비난은 비난을 하는 사람들의 기준으로 하는 경우가 많기 때문이다. 그러므로 비난에 흔들리지 않는 방법을 터득하는 것이 중요하다. 비난에 흔들리지 않는 방법은 자기 자신을 확립하고 사는 것이다.

자신을 확립하고 사는 사람들이란 남의 의사에 맹목적으로 의존하지 않고 자신이 택한 방법대로 생활을 과감하게 추진해 나가는 사람들이다. 다시 말하면, 생활방식을 스스로 결정하고, 상황을 스스로 조종한다는 성취감과 즐거움을 가지며 사는 사람들이다. 가장 자유로운 사람이란 내적인 평화를 누리고 있는 사람들이다. 그들은 자신이 원하는 곳에서 호흡하는 자유를 즐긴다.

자유라는 것은 어떠한 경우에도 다른 사람과 고립되어 생활하라는 뜻은 아니다.

자신을 지킬 줄 아는 사람은 오히려 다른 사람들과 잘 어울릴 뿐 아니라, 그들과 함께 즐겁게 생활하는 사람들이다. 그들은 다른 사람들과 함께 있는 경우 스스로를 지키며, 명랑한 태도를 취하며, 신경질을 내지 않으며, 마음은 담담하게 안정되어 있다.

그들은 마음속으로 "내 인생은 나의 것이다. 결코 길지 않은 내 인생이 그 누구에게도 예속될 수 없으며, 또 그럴 필요도 없다. 만일, 당신이 나를 사랑하고 싶다면 현재 있는 그대로 내 모습을 사랑하라."라고 말한다.

자신의 가치를 침해받지 않기 위해서는 강력하게 행동할 필요가 있다. 만일 자신이 나약하게 행동한다면 당연히 인정받아야 할 자신의 가치가 손상되는 경우를 흔히 볼 수 있다.

자신의 감정이 상대방에 의해 좌우되지 않도록 단련시켜 나가면, 어느새 자기 자신을 뜻대로 조절할 수 있게 된다. 이렇게 되면 자신의 행동에 훨씬 만족하게 될 뿐 아니라, 상대방과의 게임에서 보다 많은 승리를 거둘 것이다. 자신에게 솔직하라.

원할 때는 언제든지 자신을 표현하라. 자신을 드러냄으로써 위험하게 된다는 근거 없는 생각을 버려라. 마음을 너그럽게 가져라. 감정이 상하면 자기 자신이 희생된다.

이 세상 모든 불쾌한 일 때문에 일일이 신경을 쓰거나 화를 내지 말라. 아름다운 인간관계를 일일이 분석하고 검토하기보다는 서로의 참모습을 있는 그대로 받아들이는 것이 좋다.

서로 마음이 순수할 때, 그들은 아무런 의문도 없이 서로를 있는 그대로 바라보며 느끼는 모든 것, 보는 모든 것을 사랑한다.

이들의 관계에서는 '왜 그럴까?'라는 이유를 분석하지도 않고, 또 그것을 요구하지도 않는다. 어떠한 인간관계라 할지라도 서로를 완전히 이해하기란 불가능하다는 사실을 명심해야 한다.

상대방을 완전히 이해하고자 연구하고 분석하기보다는 그를 있는 그대로 받아들여라.

칼린지브란은 "두 사람이 한몸이 될지라도 그 가운데 존재하고 있는 공간이 있어야 한다."라고 말했다.

다른 사람들이 '괴짜', '변덕쟁이', '외톨이' 등 좋지 않은 별명을 붙이더라도 그것에 너무 신경을 쓰지 말고 대범한 태도를 보이거나 무관심하라. 그러면 머지않아 그런 소리는 저절로 사라져버린다. 그러나 당신이 그런 별명에 당황하거나 변명하거나, 또는 당치 않다고 논평을 벌이면 당신은 상대방의 술책에 더욱 말려들 뿐이다.

당신은 이 사회에서 만능적인 인간이 될 수 없듯이 또한 모든 사람에게서 이해를 받을 수도 없다. 만일 당신이 모든 사람에게 자신을 입증해야만 한다고 느끼고 있다면 희생자가 될 것이다.

행동을 보인다는 것은 복잡한 이론이 아니다. 부당한 대우를 받지 않겠다는 의사 표시를 효과적인 행동과 함께 표시하면, 당신을 부당하게 취급하려는 사람들은 자신들의 기대가 어긋날 뿐만 아니라, 당신이 결코 호락호락한 사람이 아니라는 사실을 깨닫게 된다.

점차로 조용히 혼자 있는 시간과 사생활을 가질 기회를 늘여가라. 또, 당신에게 정말로 중요한 일들을 할 기회를 늘려라. 적어도 하루에 몇 분 동안은 자신의 마음을 완전히 빈 상태로 놓아둠으로써 마음을 가라앉혀라.

모든 운동경기에서 긴장을 풀고 경기에 임하는 자세를 그대로 적용할 수 있다. 자신이 선택한 모든 경기가 실제 일상생활에서 부딪치는 크고 작은 문제에서도 이 방법은 그대로 적용된다. 테니스에서 백핸드가 몹시 서툴더라도 계속 '무의식적'으로 받아넘기다 보면 실력이 저절로 늘게 된다.

바로 그렇다. '무의식적'이란 말은 의식적으로 하지 않고 극히 자연스럽게 동작이 나오도록 하는 것을 의미한다.

이렇게 무의식적으로 행동함으로써 당신은 본래의 진정한 기능을 발휘할 수 있다. 여기서 말하는 '무의식적'이란 게임 도중에 아무것도 생각하지 않고 몸이 움직이는 대로 내버려둔다는 의미이다.

성관계에 있어서도 무의식적인 마음가짐이 중요하다. 이런저런 생각보다는 그 자체에 몰입하여 즐길 수 있다.

성 불능 역시 보통 걱정이나 근심 때문에 생기는 것인데, 선입관, 산만한 마음, 걱정거리, 갈등, 욕구불만 등에 의한 것이 대부분이다. 마음속에 직장문제 등의 잡념이 자리 잡고 있어 육체가 요구하는 것을 방해하기 때문이다.

대부분의 성적 무능력에 대한 치료법이 아이러니하게도 성에 관해서도 그들 자신이 성적 무능력에 대해 생각하지 않거나 고민하지 않음으로써 치료된다고 한다.

다른 사람이 매우 불쾌한 말을 하고 있을 때에는 자신의 격한 감정을 누그러뜨려라.

이 세상 사람은 누구나 서로 다르다. 그 당연한 사실을 그대로 받아들이면 자기 자신을 조절할 수 있게 된다. 개성을 가져라. 다른 사람과는 다르게 사물을 관찰하라. 당신의 태도나 마음가짐 때문에 다른 사람이 흥분하였다면 그대로 내버려두고 상관할 필요 없다.

나의 삶을 뒤돌아봐도 나 자신의 가치관을 확립하지 못하였기 때문에 부화뇌동하여 투자하여 실패한 사례가 있다.

특히, 요즘은 다양한 가치관 속에서 살아가야 하기 때문에 자기 자신을 확립하고 흔들림 없이 일관성 있게 사는 것이 중요하다. 얼마 전에 사업으로 성공한 후배 얘기를 들었다.

돈 버는 길이 있어도 자기 일이 아니라고 생각하는 것은 과감하게 다른 사람에게 정보를 준다고 하였다. 왜 그 후배가 돈을 많이 벌었는지 알 수 있을 것 같았다. 자기 자신을 확립하고 자기 일을 찾아 자신이 택한 방법대로 과감하게 추진하면서 자기 것이 아니라고 생각하면 과감하게 버리는 결단이 있었기 때문이라는 것을.

자신을 확립하여 살자. 다른 사람의사에 맹목적으로 의존하지 말고 자신이 택한 방법대로 생활을 과감하게 추진해 나가자.

생활방식을 스스로 결정하고, 상황을 스스로 조종하면서 성취감과 즐거움을 가지며 살아보자. 누가 뭐라고 해도 나는 가장 자유로운 사람이란 내적인 평화를 누리면서 호흡하는 자유를 즐기자.

당당하게 살자

'당당하게 살자'란 제목을 써놓고 생각해봤다. 과연 나는 지금까지 당당하게 살아왔는가? 당당하게 살기에는 너무나 복잡하고 힘든 상황이 앞을 가로막는 경우가 많았다.

나는 다른 사람 앞에서 당당하게 사는 것보다 더 힘든 일이, 시련 앞에서 스스로 당당하게 일어서기가 어려운 때가 많았다. 나는 이런 경험을 통해서 깨달았다. 복잡한 상황에 부딪히더라도 자신과 싸워 이길 수 있다는 믿음만 있다면 당당한 생활을 영위할 수 있다는 것을.

자신과 싸워 이긴다는 것은 앞으로 한 걸음 내딛는 용기를 항상 마음속에 간직하며 그 마음을 잃지 않고 사는 일이다. 그렇게 하면 세상사의 온갖 괴로운 일, 답답한 일들을 헤쳐나갈 수 있을 것이다. '자신을 이긴다는 것'은 앞으로 한 걸음 내딛는 용기를 항상 마음속에 간직하며 그 마음을 잃지 않고 사는 일이다.

그렇게 하면 망설이고 주저하는 자신을 극복할 수 있게 되고, 결국 세상의 답답함에서 벗어나 단순 명쾌한 생활을 할 수 있게 된다.

'패배하지 않는 사람들'은 자신이 고립당하게 되더라도 다른 사람들의 인정을 받기 위해 안간힘을 쓰는 일이 없었다. 오히려 그들의 모습은 보는 사람이 맥 빠질 정도로 편안해 보이고 밝다.

고립된 상황을 괴로워하지도 않고 주위 사람들에 대해서도 배타적이지 않다. 다른 사람들이 싫은 소리를 해도 별 대꾸를 하지 않는다. 그러면서도 자신의 삶의 자세는 한 치도 흐트러짐이 없다.

그리고 당당하게 살려면 과거에 집착하지 말아야 한다. 성공하는 만화가는 완성된 작품에는 집착하지 않는다. 다소 불만이 있더라도 '다음엔 더 잘 그리면 되지.'라고 대범하게 넘기는 성격을 말한다.

인기작가라 하더라도 때로는 졸작, 실패작도 만들게 마련이다. 졸작이든 걸작이든 이미 자신의 손을 떠난 작품에 대해서는 더 이상 미련을 갖지 않고 지금 하고 있는 작품에 최선을 다해야 한다. 요컨대, 현재의 모습에 연연하지 말고 한 단계 나아갈 수 있는 목표를 세우는 것이 필요하다. 또한, 당당한 삶을 영위하려면 긍정적으로 사고해야한다.

낙천주의자는 장점도 단점도 포함하여 현재의 자신을 솔직하게 인정한다. 게다가 책임을 전가하지도 않는다. 왜냐하면, 낙천주의자에게는 이미 나온 결과일 뿐이기 때문이다.

창피를 당했건 실패를 했건 그것은 이미 끝난 일이다. 다른 사람을 탓하거나 상황을 탓하며 책임을 전가한다고 해서 결과가 달라지는 것은 아니다.

그러니 이미 나온 결과에 대한 책임 소재를 따지느라 골머리를 앓는 대신 내일을 준비하는 것이 훨씬 현명하다.

무엇에 졌다고 하더라도 그렇게 마음 아파할 필요가 없다.

뜻을 상실했다면 눈앞의 패배가 먼 앞날까지 연장될 수 있다. 패배를 반복하는 참담한 인생이 되고 말지만, 뜻을 버리지 않는 한 눈앞의 패배는 일시적인 것에 불과하다.

자신에게 엄격한 인생이란 이를 악물고 악착같이 사는 게 아니라 있는 그대로를 유연하게 받아들이며 사는 것이다. 인생 자체를 하나의 게임으로 보는 것이다. 무거운 짐을 지고 끙끙대며 걷는 게 아니라 가볍고 경쾌한 차림으로 산책을 하듯 사는 것 자체를 즐기라는 것이다.

즐거움을 중시하라는 것이다. 그렇게 살기 위해서는 욕심을 줄이고 자신을 컨트롤해야 한다. 없는 것은 없는 것으로 단념하고 당장 내 손안에 있는 것으로 어떻게 할까를 궁리하자. 있는 것으로 살아가는 것이 인생의 기본이다.

물건이든, 능력이든 현재 없는 것에 의지할 수 없는 것이다. 일이건 놀이건, 아니면 의식주건 모두가 그렇다. 그러면 현실을 즐길 수 있게 된다. 실패해도 좋으나, 어떤 경우라도 정공법으로 극복하자.

인생에서 실패는 별문제가 안 된다. 몇 번 실패하더라도 최후까지 가서 성공하면 된다.

업무건 공부건 정공법으로 한 단계씩 쌓아 올라간 사람이 최후의 승자가 되는 법이다. 다시 말해, 실패를 얼마나 많이 했느냐가 문제가 아니라 실패를 하면서도 그 실패에서 무엇을 배웠느냐가 중요하다.

실패를 두려워하지 않는다는 것은 정면으로 도전하는 용기를 잃지 않는다는 것이다. 인생은 최악의 경우라도 99패 100승이면 된다.

내가 경제적으로 실패했을 때 가장 힘이 든 것은 내가 실패했다는 사실을 받아들이는 일이었다. 왜 나에게 이런 일이 일어났는가 등등 갈등과 후회의 연속이었다.

그런데 '실제 벌어진 상황을 있는 그대로 받아들이자.'라고 마음을 먹고 나자 마음이 오히려 편안했다. 그리고 아무리 힘든 상황이라도 그곳부터 다시 출발하자고 결심하자 모든 부분이 개선되면서 얽히고설킨 일들이 하나하나 풀어져 갔다.

사람들은 큰 실패를 하게 되면 오랫동안 마음속에 담아두는 경향이 있다. 하지만 그에 분통을 터트리고 있는 사이에도 크고 작은 성공과 실패는 계속된다. 일상은 수많은 성공과 실패로 이루어지는 것이다.

그것들은 일일이 성공이냐, 실패냐 따지는 것이 어리석을 정도로 서로 긴밀히 얽혀 있다.

어떠한 실패도 운이나 타이밍 탓이 아니다. 기본적으로는 자신의 태도가 잘못되었거나 노력이 부족하기 때문이다. 이 점을 솔직히 인정한다면 실패의 상처는 곧 치유될 것이다. 후회할 시간이 있으면 자신을 극복하는 데 쓰자.

큰 건물을 짓고 분양이 안 돼서 많은 금액의 빚을 졌다가 다시 일어난 후배 얘기를 들었는데, 다시 일어날 수 있었던 것은 자신감을 잃지 않았기 때문이라고 하였다.

모두 잃어버린 상황에서 죽을까 생각하다가 마음을 돌려먹고 다시 한번 해보자는 결심을 한 후에 그동안 구축된 인맥을 활용하여 사업을 다시 하였다고 한다.

잃어버린 것이 너무 크지만, 용기를 가지고 다시 도전한 것이 성공의 요인이 되었다고 한다. 자기는 그 사건 이후 인생에서 가장 중요한 것은 언제든지 자신감을 잃지 않는 것이라고 말하면서 자신감과 용기만 있으면 아무리 힘든 상황도 극복할 수 있다고 하였다.

전승의 인생이 없는 것과 마찬가지로 전패의 인생도 없으므로 장기적인 안목으로 살아가면 된다. 자신에게 이기는 것을 최후의 목표로 삼는다면 두려워할 적 따위는 존재하지 않는다. 그리고 당당하게 살아갈 수 있다.

나의 친한 친구 중 한 명은 서울에서 좋은 학교를 졸업하고 시골이 좋다고 농촌에서 흙과 함께 살고 있다.

농촌 환경은 경제적으로나 문화적으로 많이 떨어진다. 그런데 그 친구는 언제나 당당하다. 처음에는 축산을 하면서 실패도 하였지만, 언제나 당당함을 잃지 않은 그 친구는 도시 친구 못지않게 살고 있다.

나는 그 친구를 보면서 당당하게 사는 것이 얼마나 중요한지 알고 있다. 아무리 힘든 상황에서라도 당당함을 잃지 말아야 한다. 그 당당함 앞에서는 인생의 어떤 문제도 장애가 될 수 없다.

아무리 힘든 상황이라도 그곳부터 다시 출발하자. 그리고 두 어깨를 펴고 당당하게 살자.

자기 자신에게 충실하자

현대인의 생활은 자신에게 충실하기보다는 물질 등 보이는 것에 충실하면서 살아가고 있는 것 같다. 솔직히 나의 생활을 뒤돌아 보아도 나 자신에게 충실한 것보다 밖에 있는 보이는 것을 붙잡으려고 시간과 노력을 투자한 것이 많았다.

진정으로 인생에서 더 중요한 것이 무엇인가를 깊게 고민해보지 않고 항상 현실에만 매달려 살아온 것 같다. 엊그제는 냇가를 산책하면서 '나 자신에게 충실한 것이 무엇보다도 중요한 것이 아닌가!'라는 생각을 했다.

아무리 내가 노력하고 외형적으로 발전한다고 해도 나 자신을 벗어날 수 없으며, 나 자신을 벗어난 모습은 자연스럽지도 아름답지도 않기 때문이다.

주어진 일에 충실하는 것도 중요하지만, 무엇보다도 나 자신에게 충실할 때 성취감과 행복감을 맛볼 수 있을 것이다. 셰익스피어는 『햄릿』에서 재상 폴로니우스로 하여금 이렇게 말하게 하였다. "가장 중요한 것은 자기에 충실 하는 것인데, 이 한 가지를 지킨다면 밤이 지나면 낮이 오듯이 만사가 저절로 흐르기 시작하여 타인에 대해서도 충실하게 되네."

자신에게 충실하면 자부심도 느낄 수 있으며, 자신의 장단점을 찾을 수 있다.

또한, 찾은 장점을 더욱 계발하면 더욱 자신에게 충실할 수 있으며, 더 큰 자부심을 가질 수 있다. 강한 자부심, 그것은 긍정적인 자기 이미지를 나타내며 그런 자기 이미지는 성공과 행복의 출발점이 된다.

다른 사람을 좋아하려면, 성공과 행복을 소유하려면 우선 자신을 점검해야 한다. 인생에서 어떻게 보이느냐가 아니라 어떤 상태이냐가 중요하다. 중요한 것은 내면이다.

진실된 가슴과 용기가 있는가? 목적의식, 정직성, 창조성, 표현력, 민감성, 그리고 위험을 무릅쓰거나 놀 줄 알고 현재 속에 충만히 존재하고자 하는 의지들이야말로 중요한 것이 아닐까? 현재 속에 충만히 존재하지 않는다면 이렇게 자문해보라. "나는 지금 어디에 있는가?" 혹시 지식으로, 과거로, 미래로, 알코올로, 은행 계좌로, 자동차로, 올바르게 살겠다는 말뿐인 다짐으로 도피하지는 않았는가?

남인도의 산기슭에는 라마나 마하리쉬란 위대한 현자가 살았다. 신자들에게 스리 라나마로 불렸던 그는 깨달음을 얻는 방법으로 아주 간단한 것을 가르쳤는데, 그것은 바로 '나는 누구인가'로 요약 할 수 있다.

수많은 사람들이 스리 라마나를 찾아왔는데, 그중엔 금전적인 문제를 해결해 달라고 간청하는 사업가, 결혼 문제로 고민하는 젊은이, 눈물을 흘리며 자신이 아기를 가질 수 있도록 축복해 달라고 간청하는 아낙네 등도 포함돼 있었다.

이런 수천, 수백 명의 사람들이 갖가지 현실적인 도움뿐만 아니라 시간을 초월한 지혜를 기대하며 스리 라마나를 찾아왔다.

그런데 스리 라마나는 그 모든 이에게 똑같은 처방전을 들려주었다.

"명상하라. '나는 누구인가?' 자신이 누구인지 알게 됐을 때, 삶의 모든 문제에 대한 해답을 알게 될 것이다."

자신이 누구인지 자각하지 못할 때, 삶의 모든 것이 문제로 남아 있으리라. 그러니 눈을 감고, 마음을 고요히 하며, 자신의 근원으로 뛰어들어보라.

내면 깊숙한 곳에 자기 자신은 위대한 창조주와 하나이며 완벽하고 온전한 영적 존재라는 의식이 자리 잡고 있다. 그것이 바로 치유의 근원이며 어려움에서 벗어나 평화에 젖어들 수 있는 길이다.

이 라마나 마하리쉬는 100여 년 전에 살았던 인물이지만, 그의 메시지는 시간을 초월하며, 지금도 우리에게 요긴한 도움을 줄 수 있는 지혜를 담고 있다.

자기 자신을 정당하게 평가하고 자기 비하를 하지 마라. 자신의 존재 가치를 확인하며 자부심을 느끼는 확실한 방법은 그것뿐이다. 성공한 자는 이렇게 생각한다.

"나는 나 자신을 좋아한다. 내가 나 자신인 것처럼 멋진 일은 없다. 태어나서 성공하기까지의 과정 속에 진실로 나 자신이었다는 것이 참으로 다행스럽다. 어떤 시대에 살게 되어도 나는 그 누구보다도 나 자신이 되고 싶다."

이런 적극적인 사고방식이 무엇보다 중요하다. 이는 자부심이다. 인생의 승자는 강한 자신감과 자부심을 갖고 있다. 반면 실패자는 자부심이 없다.

많은 사람이 어린 시절, 그들의 부모의 그릇된 인식에서 나오는 지시와 명령을 들으면서 성장하였기 때문에 자신을 올바르게 평가하지 못한다. 자신의 능력과 장점을 끊임없이 계발하여 자부심을 갖도록 부단한 노력을 기울여야 한다.

나는 이 글을 쓰면서 곰곰이 생각해봤다. 지금까지 살면서 나 자신에게 충실한 것 보다, 다시 말하면, 내면에 충실하기보다는 외적으로 보이는 것을 쫓아서 생활하기에 바빴고, 승진이나, 경제적인 풍요를 위해서 달려왔다.

그런데 솔직히 내면에 충실할 때만큼 행복하지도 않았으며, 외적인 성과도 내면에 충실할 때 더욱 컸다. 나 자신에게 충실하는 것이 행복의 지름길이요, 실제로 성취할 수 있는 비결이라는 것을 깨닫게 한다.

모든 외적인 부분이 작아 보일지라도 나 자신에 충실한 삶이 중요한 것 같다.

나는 누구인가? 가장 어려운 물음인지도 모른다. 그렇지만 과연 나는 누구인가에 대하여 한 번쯤 깊이 생각해보는 것이 필요하다고 생각한다.

산책하면서 생각하든지 여행하면서 생각하든지 혼자만의 시간을 가지고 '나는 누구인가?'라고 스스로에게 질문을 던지고 해답을 찾아보자.

그리고 자신에게 충실한 삶을 살자. 직장이나 다른 사람을 위해

서 충실할 필요도 있지만, 무엇보다도 중요한 것은 자기 자신에게
충실히 하는 것이다.

신념은 첨단과학의 힘보다 크다

　살아가면서 문제없는 사람은 없을 것이다. 작고 큰 문제를 해결하여 가는 것이 인생인지도 모른다. 그런데 우리에겐 때때로 큰 문제가 부딪칠 때가 있다. 건강의 문제, 경제적인 문제, 인간관계의 문제, 가족의 문제 등등 많고 많은 문제가 우리 앞에 놓여 있는 것이다.

　나도 이제까지 살아오면서 때로는 경제적인 어려움으로, 때로는 건강이 안 좋아서, 때로는 가족의 문제로 고민할 때가 있었다. 이럴 때마다 '문제는 반드시 해결된다', '할 수 있다'는 신념으로 도전하여 문제를 해결하면서 살아왔다. 그런데 경제적인 어려움이나 가족 문제보다도 나 자신의 몸이 아플 때 마음도 약해져서 기분이 우울하였다. 그러나 이런 나의 약함도 반드시 치료되어 이른 시일 내에 건강을 되찾을 수 있다는 신념을 지니면 다시 활력을 찾는 내 모습을 발견할 수 있었다.

질병도 반드시 낫는다는 신념을 가지면 더 빠르게 치료되는 것을 경험하였다.

우리는 이런 문제를 해결하기 위하여 문제에 맞는 해결 방안을 찾아서 실천하는 것이 필요하지만, 무엇보다도 중요한 것은 우리의 마음 자세이다. 해결할 수 있다는 믿음과 해결된다는 신념을 가질 때에 정말 어려운 문제도 쉽게 풀리는 경우가 많다.

나는 이런 여러 가지 어려움을 신념 안에서 극복하여 오면서 신념에는 기적을 만들어내는 힘이 있음을 발견하고 신념에 관한 책을 많이 읽었다.

새뮤엘 존슨은 "어떤 일이 있더라도 삶에 있어서 중요한 두 가지 절대 요소, 즉 희망과 신념을 놓치지 말라."라고 하였다

1978년 미국 골프선수권대회에서 우승을 차지했던 앤디노스의 이야기이다. "축구는 물론이고, 어떤 운동도 할 수 없습니다." 앤디노스가 의사로부터 들은 말이었다. 그러나 그는 매일 골프 코스를 돌았다. 골프 정도는 칠 수 있다는 신념을 가졌다. 그러나 의사는 반대했다.

"목발을 짚고 어떻게 골프를 칠 수 있는가?" 그래도 소년은 신

념을 버리지 않고 골프장에 나갔다. 그는 휠체어에 앉아 코스를 돌고, 볼이 멈춘 지점에서 목발을 내려놓은 뒤 공을 쳤다. 그렇게 하루도 거르지 않고 골프를 계속하는 사이에 다리가 튼튼해져 가고 있음을 깨달았다.

그는 마침내 휠체어도, 목발도 집어 던지고 골프를 칠 수 있게 되었다. 할 수 있다는 확고한 신념, 몇 년 동안에 걸친 인내, 꾸준한 노력의 결과로 전 미국 선수권대회에서 우승을 차지하였다.

과학적으로 생각하는 의사는 그에게 운동을 전혀 할 수 없을 것이라고 진단을 내렸었다.

우리는 살아가면서 어려운 일이 닥칠 때 가장 중요한 것은 신념을 갖는 것이다.

신념은 첨단과학을 넘어 기적을 이루기 때문이다. 물론, 앞이 보이지 않는 인생의 어둠 속에서 할 수 있다는 신념을 갖는 것은 매우 어렵다.

그러나 삶이 힘들고 어려울수록 강한 신념이 필요하다. 무엇인가 큰일을 해낸 사람들을 보면 강한 신념을 가지고 시련 앞에서도 흔들리지 않았다.

『신념의 마력』이란 책을 쓴 클라우드 M. 브리스톨은 "강력한 생각은 약한 쪽 생각의 파급을 멈추게 하거나 그것을 압도해버린다.

더 강렬하고 집중된 생각은 템포도 빠르고 진동도 크기 때문에 그만큼 약한 진동을 밀어내고 더 빨리 그 창조적인 일을 해 나갈 수 있다.

당신은 우선 이 사실을 믿어야 한다. '나는 반드시 성공 한다.'고 당신 자신에게 말해야 한다. '성공한다'고 자신에게 다짐하면 할수록 당신은 모든 것을 적극적으로 밀고 나가려는 '확신'이 생길 것이다.

이렇게 되면 당신은 성공의 첫발을 내디딘 셈이다. 당신은 고개를 높이 쳐들고, 어깨를 쫙 펴고, 힘차게 걸으면서 승리의 콧노래라도 불러야 한다.

신념이야말로 모든 성공의 열쇠이다. 신념은 다른 사람들이 도저히 해낼 수 없다고 포기한 일도 깨끗이 성공시켜 놓고 만다."라고 말했다.

로봇은 물론 인간 배아줄기세포까지 만드는 수준으로 첨단과학이 발달한 시대를 살고 있다.

그러나 우리 인간의 정신구조는 과학이나 의학으로 풀 수 없는 신비함이 많다. 다만, 정신구조를 활용하는 방법을 안다면 성공을 앞당기고, 행복을 창조할 수 있다.

그중의 하나가 신념을 활용하는 것이다. 아무리 보이는 환경이 불리하게 돌아가도 반드시 성공할 수 있다는 신념을 가지고 나가면 불리했던 환경이 오히려 발판이 되어 성공적으로 풀리는 것을 경험할 수 있다.

이 글을 쓰는 중에 사업에서 세 번이나 무너진 선배에게 신념의 중요성에 관하여 얘기한 적이 있다.

내 말을 듣고는 모든 것을 잃고 아무것도 없는 상황에서 '할 수 있다'는 신념을 지니고 다시 일을 시작하였는데, 옛날에 같이 사업했던 사람의 도움으로 자금을 만들어 실패했던 휴대폰 금형을 보완하여 만든 것이 히트를 해서, 요즘 일이 밀려서 휴일도 없이 일한다는 즐거운 비명을 지른다고 하면서, 그때 아무것도 없는 상황에서 할 수 있다는 신념을 가지게 된 것이 성공의 원동력이 되었다고 하였다.

반드시 성공할 수 있다는 신념 앞에서는 어떤 장해물도 걸림돌이 될 수 없다. 현실이 암울할수록 더욱 굳건한 신념을 가지고 나가야 한다.

오늘날과 같은 눈부신 과학의 발달도 과학자들이 보이지 않는 것을 이룰 수 있다는 신념 하나로 매진하였기 때문에 이루어진 것이다.

경제가 어려워 살기가 모두 힘이 든다고 아우성이다. 이렇게 어

려울 때일수록 '할 수 있다', '하면 된다'는 신념을 가지고 두 어깨
를 활짝 펴고 앞으로 나아가자.

성공의 절대 요소는 올바른 판단력

우리는 살아가면서 크고 작은 일에 대하여 판단을 한다. 자신의 진로문제, 각종 투자에 대한 판단 등부터 오늘 점심 메뉴를 무엇으로 할까 등 가벼운 것까지 모두가 판단하여야 할 사항들이다. 그런데 중요한 것은 우리가 판단한 것에 대하여 반드시 책임이 뒤따르며, 장기적으로는 오늘 내린 판단이 미래의 운명이 결정된다는 것이다.

개인이든, 기업이든, 자치단체든 정확한 판단 능력을 갖추는 것은 매우 중요하다. 특히, 오늘날같이 다양하고 급변하는 시대에는 올바른 판단을 내리기가 쉽지 않기 때문에 판단할 수 있는 능력을 키우는 것은 더욱 필요한 것으로 생각한다.

나는 개인적으로 살아오면서 작고 큰 실패를 많이 경험하였다.

그런데 그 실패의 원인을 근원적으로 찾아 올라가 보면 일을 시작하기 전에 내린 판단이 올바르지 않았음을 발견할 수 있었다.

그리고 그 실패의 고통은 판단을 내리기 전에 기울이는 노력의 수고로움보다 몇천 배나 크다는 것을 절실하게 체험하였다. 그래서 일을 시작하기 전에 올바른 판단을 하는 노력이 무엇보다 중요하다고 생각하게 되었다.

그 이후 나는 '올바른 판단을 하려면 어떻게 해야 하는가?'라는 고민을 하였다. 그리고 나름대로 정리하였다. 조금 지루하고 길지만, 판단을 잘못하여 실패의 고통을 맛보는 것보다는 수천 배 쉬운 일이라고 생각한다.

특히, 이 글은 나의 아들이 꼭 읽었으면 한다. 그래야 실패를 줄여나가면서 성공적인 인생을 살 수 있기 때문이다.

올바른 판단을 할 수 있는 능력을 쌓는 방법은 첫째, 평소에 자기가 하고 싶거나 해야 할 일에 대하여 관심을 갖는 것이다.

평소 신문 등에서 관련된 자료를 발췌하여 스크랩해두었다가 앞뒤를 비교해 보면서 변화의 전조를 파악해 보는 것이다.

일간지뿐만 아니라 경제지, 지방지, 지역신문까지 살펴보고, 휴일에는 시간을 가지고 시사 주간지를 하나 정도 구입하여 보는 재미를 느끼면서 정보를 분석해보면 미래를 예측하는 능력이 향상될 것이다. 나는 휴일에 특별한 일이 없는 한 주변 산과 냇가를 산책한 후에 김밥 한 줄로 점심을 때우고 정치, 사회, 스포츠, 연예 등등 흥미진진한 얘기들이 많은 시사주간지를 꼼꼼하게 읽는 재미를 느낀다.

그리고 오늘 읽은 주요 기사에 대하여 미래 상황을 예측해서 요약해 두었다가 다음에 내 판단이 맞았는지 분석해본다. 물론, 이렇게 하는 것도 판단을 잘못하여 실패의 쓰라린 고통을 여러 번 겪은 이후에 판단의 중요성을 깨닫고 평소에 판단능력을 키우는 것의 중요성을 알고부터 하게 된 행동이다.

둘째, 한 가지 문제에 대하여 집중해보는 것이다. 여러 가지 문제의 해결책에 대하여 한꺼번에 찾으려면 혼란을 일으켜 판단의 질을 떨어뜨린다.

여러 가지 문제가 한꺼번에 닥쳤을 때는 모든 문제를 나열해서 기록한 후에 우선적으로 처리해야 될 순서로 재배열한 후에 한 가지 문제에 해결방안 세 가지씩 정리해보면 효율적으로 문제를 해결할 수 있을 것이다.

나는 매일 아침 일어나서 오늘 판단할 일을 메모장에 중점 순위대로 적어 놓고 간간이 생각하면서 일을 한다.

셋째, 과거에 비슷한 경험을 생각해내는 것이다. 과거에 실패했다든지, 성공했다든지, 유사한 경험을 되살려 판단하는 것이다. 자기가 직접 체험한 것보다 더 올바른 판단에 확실하게 참고되는 것은 없다. 인생은 여러 가지로 제약되기 때문에 많은 것을 경험할 수 없지만, 할 수만 있다면 한살이라도 더 나이를 덜 먹었을 때 좀 더 많은 것을 경험해두는 것이 중요하다고 생각한다.

과거에 실패한 경험에서는 왜 실패하였는지를 냉철하게 분석하여 오늘 내릴 판단에 적용하고, 성공한 경험은 '어떻게 하니까 성공하더라'는 노하우를 하나의 매뉴얼로 만들어 놓고 오늘의 문제를 풀어나가는 공식으로 대입시킨다면 실패율을 낮추고, 성공확률을 더욱 높일 수 있을 것이다.

넷째, 다른 사람들의 사례를 벤치마킹하는 것이다. 지금 판단을 요하는 일과 다른 사람이 처리한 유사한 사례를 분석해서 도입해 보는 것이다. 이때 자기가 구상하는 것에 대하여 친구나 주변에 있는 유경험자들에게 자문을 받는 것도 중요하다.

최종 판단은 자신이 해야 하지만, 여러 사람의 의견을 들어 판단 자료로 활용하는 것이 실패를 줄일 수 있기 때문이다.

과거의 실패 때문에 주변에서 찬밥 대우를 받는 사람들이 오히려 귀중한 정보나 정확한 판단 능력을 가지고 있을 확률이 높다.

특히, 우리 사회는 실패한 사람들을 너무 무시하는 경향이 있는데 실패 없는 성공은 드물다.

H.W. 롱펠로우는 "우리는 때때로 한 사람의 성공에서보다 그의 실패에서 더 많은 것을 배운다."라고 말하였다. 에디슨, 링컨 등등 역사적으로 크게 성공한 사람들을 살펴보면 수많은 실패를 겪으면서 그 실패에서 교훈을 배워서 다시 도전하여 결국 성공을 만들었음을 알 수 있다.

다섯째, 여행을 하거나 책을 읽는 것이다. 사람 사는 곳에는 어디나 문제가 있고 그런 문제를 해결한 사례가 있다.

그런데 여행은 시간적·경제적 등으로 제약을 받기 때문에 이를 보완하는 방법이 책을 읽는 것이다.

책 속에서는 시간과 공간을 초월하여 많은 사람을 만날 수 있기 때문이다. 자기가 고민하고 있는 문제를 성공적으로 풀어나간 사례는 과거 역사적인 인물에서 찾을 수도 있을 것이며, 지구 반대편에 사는 사람들 속에서 찾을 수도 있을 것이다.

고민이 있을 때 서점에 가서 책을 찾아 읽어보면 해답을 발견하는 경우가 많다. 그리고 평소에 다양한 책을 읽어두면 결정적일 때 판단할 수 있는 능력이 몸에 배어 있음을 알게 되는 경우가 있다.

지금도 판단을 요구하는 문제들이 앞에 있을 것이다.

쉽게 판단을 내리지 말고 충분한 정보화 자료를 확보하고, 다른 사람들의 의견도 들어 보고, 산책하면서 생각을 깊이 있게 해보는 등 아무튼 많은 노력을 기울인 이후에 판단을 하자.

나는 복잡한 문제가 있으면 산보다는 강가 등 천변을 걷기를 좋아한다. 요즘 도시에는 강변이나 천변을 잘 정리해서 걷기 좋다. 흐르는 강물과 함께 무심코 걷다 보면 복잡한 머리가 정리되면서 얽히고설킨 문제가 실타래 풀리듯 풀린다. 새로운 아이디어와 함께 용기가 솟아난다.

물론, 아주 복잡한 문제에 봉착하면 풀기가 쉽지 않다. 문제에 접하면 빨리 판단하여 문제를 끝내기를 원하는 것이 대부분의 사람들 마음이다.

문제에 대하여 깊이 생각하는 등 현대인들은 생각하기를 기피하는 경우가 많기 때문이다. 그러나 판단을 잘못하여 실패한 후에 겪는 고통은 판단하기 전에 투자하는 시간과 노력이 적을수록 더 크다는 것을 명심해야 한다.

책도 보고, 다른 사람 의견도 들어보고, 주변도 돌아보고, 산책도 하면서 해답을 찾아보면서 좋은 아이디어가 나올 때까지 행동을 자제하면서 기다리는 인내가, 섣부르게 행동한 후에 후회하는 것보다 몇천 배 더 좋은 방법임을 알자.

행동 없이 생각만 하는 것도 문제이지만, 생각 없이 행동이 앞서면 혹독한 실패를 경험할 뿐이다.

나는 오늘의 시간을 완전 연소시키고 있는가

자동차가 연료를 완전 연소시키지 못하면 연비가 떨어져 연료는 많이 소비되는 반면에 기능은 떨어진다. 인체도 필요한 양보다 더 많이 먹고 운동이나 일을 하지 않으면 군더더기 살이 찐다.

우리 인생도 주어진 시간이 있는데, 시간을 완전 연소시키지 않고 허송세월을 보낸다면 열매 없는 삶이 될 것이다. 나는 30여 년 동안 공직을 마무리하고 요즘은 민간조직 책임자와 프리랜서 강사로 일하고 있다. 그래서 혼자 있는 시간이 많다. 사무실에서 꾸벅꾸벅 졸아도, 신문을 뒤적거려도, 먼 산을 바라보고 공상을 하여도, 다방에 쭈그리고 있어도 직접 통제하는 사람은 없다.

다시 말하자면, 스스로의 시간 계획이 없으면 허송세월 보내기 딱 좋다. 그래서 나는 요즘 시간활용에 대하여 생각해보았다.

통제하는 사람이 없다고 하여 시간을 아무렇게나 소비한다면 그 결과는 나한테 고스란히 떨어지게 마련이다. 통제하는 사람이 없다고 하더라도, 업무에 대하여, 주민들에 대하여, 지역사회 발전에 대하여, 때로는 나 자신의 발전에 대하여 생각하고, 노력하면서 시간을 보내야겠다고 마음을 먹고 생활을 하니, 바쁘게 시간이 간다.

그리고 짧은 시간도 아까운 마음이 들어 밀도 있는 생활을 하게 된다. 물론, 아직도 시간을 잘 활용하는 방법에 대하여 미숙하지만 매일매일 시간을 선용하려고 노력을 하고 있다.

'하루쯤이야!' 하는 생각으로 태만하면, 그 하루가 365일로 이어진다. 이것은 지극히 평범하나, 또한 지극히 중요한 법칙이다. 미국의 제32대 대통령 프랭클린 루스벨트는 소아마비로 걷기에 아주 불편하였는데 일광욕과 마사지, 그리고 꾸준한 보행 연습으로 결국 목발에서 해방되었다.

그는 "오늘은 마음이 내키지 않으니."라고 하루라도 태만하면 그 시점에서 계획은 좌절된다고 강조했다. 하루하루를 착실하게 쌓아 올려야 만이 실천력이 몸에 붙는다. 오늘 하루 충실하지 않으면 실천력이 생길 리가 없다. 우리에게 주어진 하루를 충실하게 사는 것이 곧 실천력을 갖는 비결이다. 이 실천하는 능력이 몸에 배야 성공할 수 있는데, 이것은 오늘을 가볍게 여기는 사람들에게는 붙지 않는다. 비록 하기 싫어도 오늘 해야 할 일을 과감하게 해 나갈 때 실천력이 붙어 더 큰 일이 닥쳐도 자신감을 가지고 도전할 수 있는 것이다.

나는 출근하는 날에는 일을 마치고 바로 걷기운동을 한 시간 정도 하는데, 휴일에는 집에서 책을 보다가 저녁 먹은 후에 운동하러 나가려고 마음은 먹지만 실천이 잘 안 된다.

계속 움직일 때는 행동의 연장선에서 또 다른 행동을 쉽게 할 수 있어도 멈췄다가 새롭게 행동하려면 하기도 싫고 실천력이 떨어진다는 것을 알 수 있다.

솔직히 나는 오늘 하루를 열정적으로 완전 연소시키지 못하고 과거의 문제에 얽매이면서 미래에 대한 막연한 걱정을 가지고 살았던 시간이 많다.

그런데 요즘 틈틈이 시간을 내서 글을 쓰고 원고를 정리하면서 아주 중요한 것을 발견했다. 글을 쓰는 동안에는 잡념이 생기지 않고 더욱 일에 매진하면서 성취감을 느꼈다.

주어진 일, 하고 싶은 일에 열중한다는 것은 행복의 첫걸음이다. 그리고 자신을 완전 연소시킬 때 건강한 삶도 유지 할 수 있다.

길 위에 다니는 자동차 중에 완전 연소시키지 못하는 자동차들이 공기를 오염시키듯이 자기 자신을 완전 연소시키지 않고 빈둥거리는 사람들이 우리 사회를 어둡게 만드는 것이다.

나는 살아온 시간보다 살날이 적다. 60이 가까웠으니. 그러나 인생은 60부터란 얘기가 있다. 이제부터의 삶은 완전 연소시켜야겠다.

직업적인 일뿐만 아니라 개인적으로 좋아하는 글 쓰는 일 등등에 더욱 매진하면서 남은 삶을 완전히 열정으로 불태워야겠다.

그리고 내가 하는 일로 인해서 사회에 조금이라도 유익한 기여가 되도록 노력해야겠다. 인생 성패의 갈림길은 오늘 하루에 있다.

미국의 저명한 자기관리 철학자 노만 V.필 박사는 "성공하는 가장 확실한 방법은 당신의 삶을 오늘 하루에 집결시키는 것이다. 인생이란 긴 여정도 하루하루로 쌓여 있다. 큰 성공은 하루아침에 이루어지지 않는다."라고 말했다.

남은 삶의 시간이 얼마인지는 모르지만, 남은 시간을 정말 소중하게 생각하면서 열정적으로 일을 해야겠다. 특히 주어진 일을 열심히 하면서, 지역사회 발전에 기여하는 일이라면 더욱 열심히 하면서 매일 매 순간을 완전하게 연소시켜 나가야겠다.

나에게 주는 표창장

제3부

역경을 오히려
기회로 만들어라

폭풍우가 오히려 나무를 살린다

나는 박봉의 공무원으로서 좀 더 풍요로운 생활을 하려고 아내를 통하여 부업을 하였다. 그런데 여자 혼자 장사할 만한 업종이 그리 많지 않음은 경험 있는 사람은 누구나 느낄 것이다. 나는 처음에 장사하면 쉽게 돈을 벌 수 있을 줄 알았다. 그런데 매우 힘이 들었다. 처음에 시작한 것이 슈퍼마켓(구멍가게)이었는데, 새벽 6시에 일어나 자정까지 문을 열어놓았다.

아내는 부엌 살림하랴, 빨래하랴, 가게 보랴, 정말 힘들게 살았다. 도청이란 곳이 퇴근 시간이 일정하지 않다. 때로는 야근에, 모임 참석에, 거의 늦은 시간에 귀가하게 되는데 나는 아내의 가게 운영을 전혀 도와주지 못했다. 다만, 장사가 안될 때에의 고통은 같이 나누어 갖게 된다.

우리 부부는 가게 업종을 네 번 바꿨는데, 세 번째 바꿨을 때의 얘기이다. 두 번째까지 모은 돈과 빚을 내어 새로운 사업을 하였다. 그런데 업종 선택을 잘못하였다. 가게에서 월세도 안 나왔다. 나는 방황이 되었다. 때로는 후회도 되었다. 부업을 하지 않았으면 빚이나 지지 않았을 것을….

경제가 어려워지니 우리 부부는 자연히 서로 신경이 날카로워져서 싸움이 잦게 되었다. 나는 다시 세상이 원망스러웠다. 때로는 어두운 골목길로 한없이 걸으면서 갈등하였다. 사업이 안 돼서 도산 위기에 있을 때의 심정은 경험해보지 않은 사람은 알지 못한다.

중소기업 사장들이 부도를 낸 후에 자살하는 심정이 이해가 갔다. 나는 생을 마감하고 싶은 생각이 들 때도 있었다. 우리 가정은 피폐해질 대로 피폐해졌다. 사랑도 식었고, 용기도 잃었다.

이렇게 방황하면서도 나는 손에서 책을 놓지 않았다. 그런데 많은 책을 읽고 내가 깨달은 것은 "인생에는 실패가 있을 수 있다. 그러나 실패한 곳에서 주저앉는 것이 위험한 것이지, 딛고 일어서면 더 큰 성공을 이룰 수 있는 밑거름이 된다."는 것이었다. 그렇다. 다시 시작하는 것이다. 경제가 무너지고, 사랑이 깨지고, 인격이 어그러졌더라도 그 상태에서 다시 일어서는 것이다.

우리 부부는 한없이 눈물을 흘리면서 벽돌을 처음부터 다시 쌓아 올라가자고 제의하였다. 깨어진 사랑의 벽돌, 인격의 벽돌, 경제의 벽돌들을 한 장씩 쌓아 나갔다. 원망도, 불평도 하지 않기로 했다. 이미 지나간 시간은 흘러간 강물과 같은 것이니 오늘을 열심히 살아나가자고 결심하였다.

그렇게 다짐하고 생활하자 모든 부분에서 회복되어 가기 시작했다. 경제적으로도 안정되어 갔다. 그런데 그 후 또 다른 것으로 실패하였다. 정말 위기에 봉착하였다.

그런데 나는 절망하지 않았다. 언젠가는 절망의 끝이 있을 것이라는 믿음으로 버티었다. 겨울의 혹독한 추위도 끝이 있으며, 봄의 새싹 앞에서는 무릎을 꿇듯이 나의 절망적 상황도 적극적으로 버티면 희망적 상황으로 역전된다고 믿었다.

부업을 하지 않았다면 이런 쓰라린 경험은 없었을 것이다. 직업이 속칭 '철밥통' 인 공무원이니, 이런 위기상황은 없었을 것이다. 그러나 오히려 이러한 경험을 통하여 나 자신이 정신적으로 성장하였으며, 공무원으로서 힘들게 살아가고 있는 주민들의 삶의 애환을 깊이 이해할 수 있게 되었다.

그리고 이런 경험을 통해서 공직을 수행하면서 정책을 입안할 때나 행정을 수행할 때 많은 도움이 되었다. 경험 없이 책상에서 실제와 동떨어진 정책을 수립하는 오류를 범하지 않을 수 있는 능력을 비싼 대가를 치르고 배운 것이다. 또한, 이런 실패의 고통을 통하여 세상을 폭넓게 바라볼 수 있는 눈을 가지게 되었다. 그리고 나는 자신 있게 말한다.

지금 자기 인생의 문제, 가정의 문제, 이성의 문제, 경제적인 문제 등으로 좌절하고 있는 사람이 있다면 다시 그 자리에서 일어서 보자고….

아기가 걸음마를 처음 배울 때 일어서 보고, 쓰러지고 또 일어서 보고, 쓰러지고 또 일어서서 걸어가듯이 그 자리에서 다시 일어서서 앞을 보고 걸어보자는 것이다. 눈물이 나면 한없이 울어 보고, 고칠 것이 있으면 철저히 고치면서 어그러지고 부서진 성城을 다시 구축해 나가자.

우리 사회에는 얼마나 많은 사람이 부부간의 갈등으로, 직장에서 상사와의 갈등으로, 경제적인 실패 등으로 좌절과 갈등의 어둠에서 방황하고 있는지 모른다.

특히, 우리나라는 지금 경제상황이 좋지 않아 신용불량자 수백만 시대라고 한다. 이들의 고통은 말로 표현하기 힘들 정도로 크리라는 것을 나는 경험을 통해서 알 수 있다.

누가 자신 있게 이러한 갈등 안에서 좌절하는 사람들을 향하여 돌팔매를 던질 수 있겠는가? 우리는 쓰러진 자들의 손을 서로 잡아주면서 격려해줘야 한다. 그래서 그들이 다시 일어서서 걸을 수 있도록 붙잡아 주고 이끌어주어야 한다. 특히, 나와 같은 공직자들은 이들이 새로운 삶에 도전할 수 있도록 용기와 터전을 마련해 주어야 한다.

우리나라에 중산층 두께가 얇아지고 저소득층이 많아졌다고 하는데, 만약 사회 안전망이 구축이 안 되어 이들이 다시 일어설 수 없다면 우리 사회는 불안정하게 되며, 결국 가진 자들이 무슨 의미가 있겠는가?

우리는 언제나 하나의 공동체임을 알아야 한다. 특히, 공무원들은 정책을 통해서 사회불안 요인을 해소하며, 더불어 잘사는 길을 모색하는 데 심혈을 기울여야 할 것이다.

나는 실패를 통하여 많은 것을 깨닫게 되었다. 그리고 다시 일어서서 걷고 있다. 빈스롬발디는 "당신이 쓰러진 것이 문제가 아니라 다시 일어나는 것이 중요한 문제이다."라고 하였다.

실패한 것이 문제가 아니라 실패한 후에 좌절하여 주저앉는 것이 정말 문제이다. 사태가 그렇게 된 원인을 분석하여 다시 개선방안을 찾아 고치고 다듬어서 다시 도전해야 한다.

차알스케더링은 "정확하게 문제를 기술한다는 것은 이미 문제의 절반을 해결하는 것이 된다."라고 말했다. 산이 앞을 막으면 기어오르거나 굴을 뚫어 넘어가야 한다.

생각의 틀을 바꿔서 적극적으로 도전하면 문제가 오히려 발판이 되고 걸림돌이 기회가 되며 비극을 희극으로 바꿀 수 있다. 실패의 연속, 시행착오, 그러면서도 끊임없이 변화를 추구하는 가운데서 스스로 원하는 것을 획득할 수가 있다.

응용심리학의 아버지라 불리는 윌리엄 제임스 교수는 "모든 일을 기꺼이 그대로 받아들여라. 왜냐하면, 일단 일어나버린 일을 받아들인다는 것은 불행의 결과를 이겨내는 첫걸음이기 때문이다."라고 하였다.

우리는 매일매일 뒤에 있는 것은 잊어버려야 한다. 어제 실패한 경험은 우리의 마음을 쓰리게 하고 우리를 왜소하게 만들기 쉽다. 특히, 나와 같은 공무원 사회에서는 이런 실패의 경험이 존중받기보다는 단점으로 취급되어 손해를 볼 수도 있다.

그러나 나 자신이 더 이상의 실패를 하지 않기 위해서 글을 정리하였으며, 나의 아들과 딸, 더 나아가서는 일을 하다가 실패의 고통에 빠져있는 다른 사람들에게 용기를 주는 것이 중요하다고 생각하여 보이고 싶지 않은 나의 속내를 들어 내놓는 것이다.

혹시 지금 실패한 자리에서 절망하고 있다면 과거의 부정적인 생각은 모두 잊어버리고 다시 한번 일어서보자.

절대로 절대로 절대로 포기하지 말자

요즘 신문을 보면 포기하는 사람들이 많다. 사업을 포기하는 것은 작은 일이지만 삶 자체를 포기하는 경우를 종종 볼 수 있다. 물론, 절망하는 사람과 포기하는 사람들의 속사정을 모두 들어본다면 충분한 이유가 있을 것이며, 한편으로 이해가 갈 것이다.

그런데 나의 경우를 보더라도 가정 하나 이끄는 데도 힘들고 때로는 포기하고 싶을 때가 있다. 속칭 '철밥통'인 공무원이지만, 나는 특별히 부업을 하는 가운데 실패경험을 몇 번 하다 보니 많은 어려움을 겪었다. 나는 살아오면서 솔직히 포기하고 싶을 때가 많았다. 힘들고 어려울 때, 앞도 막히고, 뒤도, 옆도 막혔다고 생각될 때 포기하고 싶었다.

그런데 지난 삶을 가만히 뒤돌아보면 포기하지 않고 버티면 절망의 순간에 역전되는 것을 경험한 적이 여러 번 있었다. 그래서 위기상황에 처한 사람들 입장을 더욱 이해할 수 있다. 그런데 대부분 현대인들이 힘든 위기상황에서 버티는 힘이 약하고 쉽게 포기하는 것 같은 생각이 든다.

성공한 사람들을 보면 역경을 오히려 기회로 만든 경우가 많다. 삶이 폭풍 앞에 등불처럼 보이는 순간 상황이 극적으로 역전된다는 것을 느낀 적이 있는가? 책을 읽거나 주변에서 보면 사업가들 가운데 큰돈을 벌기 직전에 거의 단념하려던 참이었다고 말하는 사람이 많다.

꼼짝달싹 못하는 상황에 모든 것이 달라지기 시작하는 때도 있다. 이것은 마법이 아니라 한곳에 충분히 매달려 있었기에 보상받을 때가 되었기 때문이다. 도저히 경기에서 이길 수 없을 것 같았던 권투선수가 챔피언이 된 이야기를 들어 보았을 것이다. 바로 그중에 한 사람이 홍수환 선수다.

우리는 지금도 생생하게 기억한다. 링 안에서 쓰러지면 일어나고, 또 쓰러지면 다시 일어나서 결국은 세계챔피언을 거머쥔 홍수환 선수의 모습을.

굴복해야 할 바로 그 순간을 넘기면 새로운 길이 펼쳐지며 멀게만 보였던 영광이 손에 잡히게 되는 것이다. 삶이란 그런 것이다.

마지막인 것만 같은 순간에 새로운 희망이 움트기 때문이다. 동트기 직전이 가장 어둡고 추운 법이다. 태양이 어김없이 솟듯, 참고 견디면 보상은 반드시 있다.

위기 끝에 상황이 반전된다는 사실을 인정하면 삶의 상처는 한결 줄어든다. 목표를 이루겠다는 각오가 얼마나 단단하고 절박한지 보기 위해 시험의 과정을 거치게 하는지도 모른다. 조금만, 아주 조금만 더 참고 견디면 된다.

어릴 때 어머니를 따라 5일마다 열리는 청양 읍내시장까지 산길로 걸어갔다. 그런데 다리 힘이 풀리면서 가장 힘든 상황이 닥치면 장터가 보였다.

그리고 시장에 도착하여 어머니가 사주시는 십리사탕 하나를 입에 넣으면 온 천하를 얻은 것만큼 기분이 좋았던 경험이 있다. 눈앞이 깜깜하고 다리 힘이 풀리거든 축하할 때가 왔다고 기뻐하라. 목적지에 거의 도착했으니까.

그렇다면 위기를 극복하고 성공하려면 어떻게 해야 하는가?

그 방안은 첫째로, 모든 것은 끝이 있다는 것을 인식하는 것이다. 아무리 큰 기쁨도, 슬픔도, 위기의 상황도 끝이 있으며, 그 상황은 변한다. 이 세상에서 변하지 않는 것은 '변하지 않는다는 말 이외는 모두 변한다'는 말이 있다. 모든 상황은 변한다. 특히 힘든 상황은 계속되지 않는다. 어둠이 계속되는 날은 없다. 동짓날 겨울밤이 아무리 길다고 해도 새벽은 반드시 오는 것이 자연의 이치이다. 힘든 상황에만 몰입하지 말고 창문을 열고 밖을 쳐다볼 필요가 있다. 앞도 막히고 뒤도 옆도 막혔을 때에는 위를 쳐다보자. 파아란 하늘이 반겨줄지도 모른다. 어렵고 힘든 상황은 지나가게 마련이다.

나는 힘들 때마다 어린 시절 가난과 싸우시며 우리사남매를 떳떳하게 키우시던 어머니를 떠올린다. 지식 정보화, 글로벌 사회라고 하면서 개혁을 부르짖는 세대들도 강인한 정신은 부모님 세대에게 배워야 한다고 생각한다.

둘째로, 용기를 갖는 것이다. 역경을 극복하는 자세와 노력 없이 목표를 달성한 자는 없으며, 이상을 실현하고자 하는 집념 없이 인류를 위하여 공헌 한자는 없다.

자기의 일이 잘 안된다고 해서 고독한 섬처럼 세상을 살아갈 것이 아니라, 그러면 그럴수록 오히려 다른 사람에게 용기를 주면서 살아야 한다. 위기가 닥쳤을 때 용기를 갖기는 쉽지 않다.

그런데 위기가 닥쳤을 때는 이 문제가 최악으로 전개될 경우 그 끝은 무엇인가를 생각해보는 것이다. 사업실패가 인생의 끝이 아니다.

직장에서 퇴출당하는 것이 삶의 죽음은 아니다. 이렇게 정리해 보면 지금 닥친 위기가 인생 최대의 위기, 즉 삶의 마감은 아니다. 그렇다면 언젠가 인생의 끝도 받아들여야 하는데 그보다 작은 이 문제쯤이야 하고 생각하면 용기를 가질 수 있다. 용기를 찾으면 문제를 장악할 수 있고, 문제를 심리적으로 장악하면 해결책이 보인다.

셋째로, 지금 하고 있는 일에 열정을 다하는 것이다. 지금 하고 있는 일로 큰 문제를 해결할 수 없는 작은 일이라고 생각되어도 그 일에 몰입하다 보면 더 좋은 일을 찾을 수 있다. 열정은 지속적으로 일을 하는 가운데 생기는 것이다.

그리고 열정은 목적지에 도착하게 하는 원동력이다. 열정을 가지면 의심, 절망, 공포 등 욕구불만이나 걱정, 불신을 버릴 수가 있다.

부정적인 감정들을 가지면 나이에 비해서 빨리 늙게 된다. 그러나 반대로 열정을 가지면 나이의 고하 간에 청춘으로 살 수 있다. 열정 없이 성취된 성공은 없다.

우리는 살면서 포기하고 싶을 때가 있다. 직장 일을, 사업을, 질병에 걸렸을 때 등등 포기하고 싶을 때가 있다. 그러나 절대로 포기하지 말자.

제2차 세계대전을 승리로 이끌고 난 후에 영웅이 된 대영제국 처칠 수상이 자기 모교母校에서 은퇴기념 강의를 한다고 하니까 세계 언론이 집중했다.

그런데 단상에 올라가자마자 처칠 수상은 "후배들이여! 절대로, 절대로, 절대로 포기하지 마시오."라는 말을 하고 강의를 끝냈다고 한다. 처칠은 후배들에게 하고 싶은 말이 많이 있었을 것이다. 많은 정적을 물리치고 수상 자리까지 올라간 얘기, 많은 국민이 전쟁을 끝내라는 압박을 설득하면서, 결국 전쟁을 승리로 이끌었던 얘기 등등. 그러나 그 무엇보다도 후배들이 앞으로 사회의 큰 바다를 항해하면서 꼭 필요한 것은 절대로 포기하지 않는 것이라고 생각한 것 같다.

아무리 힘든 상황이 닥쳐도 절대로 절대로 절대로 포기하지 말자.

모든 것은 끝이 있다. 실패도 일시적이다. 실패나 고민은 웃어넘기고 다시 일어서자. 아기가 걸음마를 배울 때 넘어지고 또 넘어져도 그 자리에서 웃으면서 일어나듯이.

죽고 싶을 정도로 힘들 때 혁신적인 해결방법은

요즘 모두들 힘들다고 한다. 기업인들은 매출이 줄어든다고 하고, 중소상인들은 장사가 안돼서 힘들다고 하고, 청년들은 취직이 안 된다고 하며, 직장인들은 퇴출의 압력을 받고 있어 힘들다고 한다. 나는 경제적 실패에서 일어서면서 죽고 싶을 정도로 힘든 과정을 거쳤다. 그때 나 나름대로 많은 책을 읽고 사색하면서 정신적으로 난관을 극복하며 현실의 문제를 해결한 방법론을 정리한 글이다.

죽고 싶을 정도로 힘들 때 혁신적인 해결방법은 첫째, 이미 엎질러진 우유는 생각하지 않고 그 일에 대하여 책임감을 갖는 것이다. 지난 실패에 대하여는 더 이상 넋두리나 불평을 늘어놓지 말고 책임감을 가지고 문제를 해결하는 것이다. 이미 엎질러진 우유는 쓸어 담을 수 없다. 지나간 것은 그냥 내버려 두자. 많은 사람들을 치료한 정신과 의사가 환자에게서 가장 많이 들었던 말은 "만일 그것만 가능했더라면…."이었다고 한다. 환자들 대부분은 과거에 일어났던 일에 지나치게 얽매여 살고 있었다는 것이다.

삶이란 문제와 어려움, 좌절과 일시적인 실패를 겪으면서 앞으로 나가는 것이다.

철로에 기름을 바른다면 기차는 한 발짝도 움직이지 않는다고 한다. 기차는 레일과 마찰하는 힘으로 앞으로 나간다고 한다.

인생도 마찬가지 아닐까? 아무 문제가 없다면 앞으로 달려가고 싶지 않을 것이다. 문제와 어려움이 있기 때문에 그것을 해결하려고 노력하는 것이 인생인지도 모른다.

어떤 일이 일어나도 뜻을 접거나 오래 후회하지 말고 더욱 목표를 향해 나가는 자세를 갖자. 거의 모든 부정적인 사고는 과거 실패를 떠올리며 곱씹는 과정을 영양분으로 삼아 자라난다.

반대로, 긍정적인 사고방식은 자신의 목표와 그 목표를 보다 빨리 이루기 위해 지금 해야 할 일이 무엇인가를 생각하는 데서 비롯된다.

과거보다는 미래를 생각하도록 스스로를 다스리자. 이제까지 걸어온 길보다는 앞으로 걸어갈 길을 바라보자. 그 길을 따라 펼쳐질 아름다운 인생과 놀라운 가능성에 주목하자. 과거는 이미 죽었다. 과거는 고칠 수 없다. 과거란 미래에 더 나은 판단을 할 수 있도록 지침과 교훈을 주는 의미밖에 없다.

중요한 것은 지금 여기서 어디로 갈 것이냐, 그리고 오늘 이 순간 목표성취를 위해 무엇을 어떻게 할 것 인가이다.

둘째, 목표를 종이 위에 명확히 정리해보자. 목표를 명확히 정하고 그것을 종이 위에 기록하는 것만으로도 효과가 있다. 그리고 시간이 있을 때마다 그것을 반복하여 쓰면서 이루어진 목표는 두 줄 긋고 새로운 목표를 설정해나가는 것이다.

단순히 정리하기만 해도 효과가 있지만 꿈의 지도를 그림과 함께 만들어서 잘 보이는 데 붙여놓고 매일 바라보면서 생활하면 성공을 더욱 앞당길 수 있다.

여행을 즐기는 사람이 세계지도를 펼쳐놓고 가고 싶은 곳을 표시하면서 가슴이 설레듯 자신의 꿈의 지도를 그려놓고 성취한 모습을 상상하면서 바라보는 것도 즐거움이요 행복한 일이다.

크게 성공한 자들은 대부분 개인별 전략 계획을 가지고 있다. 그들은 목표 지향성이 매우 강하며, 자신이 원하는 바를 정확히 알고 있으며, 문서화된 계획과 청사진, 그리고 그것을 실천할 일정표와 행동계획서 등을 갖고 있다. 아무것도 할 수 없을 정도로

무력감을 느낄 때에도 하얀 백지 위에 자기의 꿈과 목표를 적어보면 그 자체로 행복감을 느끼면서 삶의 의욕과 자신감이 생긴다.

나는 가장 힘들 때부터 지금까지 이것을 계속해서 하고 있다. 책을 읽으면서도 갑자기 목표를 책 여백에 정성 들여 쓴다. 집에서 책을 읽으면서 목표를 쓰다가 아내에게 몇 번이나 들켰다.

처음에는 나를 딱한 눈으로 바라보았는데, 이제는 나의 목표를 하나하나 성취해 나가는 것을 보면서 목표를 종이에 적는 것의 위력을 조금씩 인정하는 것 같다.

명확성을 가지고 있을수록 유쾌한 사건과 상황이 계속 발생하여 목표를 자신 쪽으로 끌어당긴다. 생애를 통해 뭔가에 도달하는 사람들은 그처럼 도달한 자신의 모습에 대한 뚜렷한 비전을 간직하는 사람들이다.

미래를 위해 확고하고 가슴 벅찬 비전을 개발하는 것이야말로 자신의 손으로 미래를 만드는 과정에서 가장 중요한 단계이다.

목표와 실천계획을 상세하게 적는 것으로 우리는 그것을 잠재의식에 깊이 새기게 되며 점점 그 목표가 성취 가능하다고 믿게 된다.

그리고 그 성취를 위해 필요한 아이디어, 인력, 자원 등을 끌어당기기 시작한다. 목표를 생각하고, 말하고, 마음에 그리고 감정을 담는 일을 많이 하면 할수록 우리 마음은 목표를 우리 자신 쪽으로 당긴다. 목표가 무엇이든 머릿속에서 떠나보내지 않는다면 반드시 실현되어 성공의 실체가 손안에 들어온다.

셋째, 혁신적은 마인드로 하는 일을 개선하는 것이다. 혁신적 생각은 일을 하면서 활용할 수 있는 중요한 행운유발 요인이다. 생각해 보면 일을 더 빨리, 더 효율적으로 해낼 방법을 찾을 수 있다.

자기 자신의 미래를 만들어가는 과정에서 일을 개선할 새로운 아이디어를 끊임없이 찾고 실천에 옮겨야 한다. 이 세상에 풀 수 없는 문제는 없다는 생각을 하고 접근하면 목표 달성을 방해하는 어떤 문제라도 풀 수 있다.

브레인스토밍(Brainstorming)을 실행하면 목표를 성취 할 수 있는 방법과 난제를 해결할 수 있는 '혁신적 해결책'을 찾아낼 수 있다.

언제라도 문제를 떠안았을 때 해답을 생각하는 습관을 들이자. 문제의 해결책은 무엇일까, 다음에는 무엇을 할까를 생각하자.

넷째, 상상력을 발휘하여 꿈이 현실이 된 것처럼 행동하는 것이다. 최고의 이상들에 걸맞게 걷고, 말하고, 행동하는 순간 자아 이미지는 향상되고, 자기 존중심은 커지며 자기 자신에 대하여 더 큰 행복을 느낀다.

언젠가는 되고 싶은 그런 저명인사가 이미 된 것처럼 행동해보자. 어떤 일을 정말 오래, 정말 간절히 바란다면 어떤 존재라도 될 수 있다.

내면에 긍정적이고 낙관적이며 목표 지향적이고 미래지향적인 사람은 외면적으로 행복하고 성공적이고 풍요로운 삶을 누린다. 항상 최선을 생각하자. 모든 일에 성공을 보장받았다고 상상하고 그에 따라 행동하자.

1955년 홍콩에서 태어나 17살 때 미국으로 건너가서 캘리포니아공대를 졸업한 후에 1997년 적자로 고전하던 글로벌 IT 기업 사이베이스를 19분기 연속 수익을 창출해낸 최고경영자이며 기업 회생전문가인 존 첸 회장은 "절대 죽겠다는 얘기를 하지 않는 것이 비결."이라고 말했다.

목표를 달성하거나 중대한 문제를 해결하기 위해 혁신과 새로운 시도를 꾸준히 계속하면, 하던 대로만 하면서 모험을 기피하는 사람들보다 성공할 확률이 커질 수밖에 없다.

오늘 삶이 힘들수록 이미 엎질러진 우유는 생각하지 말고 명확한 목표를 정리하여 혁신적은 마인드로 하는 일을 개선해나가면서 상상력을 발휘하여 꿈이 현실이 된 것처럼 당당하게 행동하자.

지금 상황이 괴로울수록 미래의 꿈이 현실이 된 것처럼 상상하면서 오늘 일을 혁신적으로 해결하자.

'금 나와라 뚝딱' 하는 요술방망이는 없을까?

어렸을 때 어른들 말에 요술방망이가 있다고 했다. '금 나와라 뚝딱' 하면 금이 나오고, '은 나와라 뚝딱' 하면 은이 나오는 요술 방망이가 있다고 했다. 옛날에 살기 힘들 때에 막연한 기대라도 갖고 삶의 애환을 달래려는 마음에서 그런 얘기를 하였는지도 모른다.

아니, 요즘도 로또 복권 방에 줄을 지어 서 있는 것을 보면 요술방망이를 기대하며 사는 사람들이 많은 것 같다. 나도 솔직히 힘들고 지칠 때면 '로또복권 1등에 당첨되면 얼마나 좋을까?'라는 생각을 할 때도 있었다.

그렇다면 진정 인생의 요술방망이는 아예 없는 것일까? 나는 책 속에 길이 있다는 얘기를 믿고 많은 책을 읽어가면서 요술방망이를 찾아보았다.

그래서 발견한 것이 누구나 가지고 있는 잠재의식의 요술방망이를 발견했다. 이 잠재의식을 잘 활용해서 요술방망이 이상으로 성과를 거둔 사람들을 책 속에서 만날 수 있었다. 우리 의식 가운데 현재 의식은 7%에 불과하고, 잠재의식이 93%라고 한다. 이 잠재의식을 작동시키면 기적 같은 성공을 할 수 있다는 것이다. 그토록 멋진 힘을 우리의 뇌는 간직하고 있다. 잠재의식의 힘을 빌려 좋은 결과를 얻어내는 것이야말로 성공의 최단 코스라 할 수 있다.

아무튼, 자신의 마음속에서 잠자는 잠재의식이라는 이름의 요술방망이를 믿고 활용해 보자. 잠재의식을 활용하기 위해서는 다음 여섯까지 원칙이 있다. 잠재의식에 주문하여 각인시킬 때, ① 절대로 부끄러워해서는 안 된다. ② 말을 긍정적으로 한다. ③ 늘 현재 진행형으로 말한다. ④ 좋은 것을 상상한다. ⑤ 되풀이한다. ⑥ 일인칭으로 말을 건다.

마음은 자유로운 것이다. 우리의 생각은 무엇이든지 자유자재로 그려낼 수 있다. 예를 들어, 10년 후의 시간을 현재로 불러내어 자신이 생각하는 이미지를 그릴 수 있다.

말하자면 미래의 한순간을 현재로 바꿔 놓고, 그것이 지금 당장 현실적으로 일어난 일이라고 확신해버리는 것이다. 그러면 그 실현을 향해 물질계를 움직이기 시작한다. 마음의 세계는 이처럼 시공을 초월할 수 있다. 이것이 바로 현대적 요술방망이다.

그런데 이 요술방망이인 잠재의식은 우리 마음속에 분노, 질투, 원한, 슬픔, 공포, 의심, 편견 등 이른바 마이너스 발상이 있으면 성공으로 이끌어주는 것이 아니고, 나쁜 상태를 선물한다. 거기에는 동정심은 일절 개입하지 않는다.

항상 품고 있는 생각이 어떠한 일이든지 그 사람이 바라고 있는 것이라고 해석한다. 잠재의식에는 그 어떤 내용이든지 입력되지만, 특히 그중에서도 가장 강렬하게 느낀 것이 우선 각인된다. 말하자면, 현재 의식에서 명확하게 의미를 부여하고 감정을 실어 보내면 그것이 곧 강하게 잠재의식에 입력된다는 뜻이다. 인생에 대해 불평하지 말자. 우리의 현재를 긍정적으로 받아들일 때 삶은 성공으로 향하게 된다.

마음속에 부, 번영, 확대, 발전 등의 생각으로 가득 채우고, 습관적으로 그것이 마음속에 떠오르도록 하면 된다. 그렇게 하면 잠재의식은 자동으로 그 생각에 호응할 것이다. 그렇게 하면 마침내 행운을 만나게 되고, 그 행운은 또 다른 행운을 불러 헤아릴 수 없는 번영의 길을 걸어가게 될 것이다.

지금 빚이 있을지도 모른다. 또는 부동산이나 증권 등 눈에 보이는 재산은 없을지도 모른다. 그러나 그것을 걱정할 필요는 전혀 없다. 확신을 갖고 다음과 같이 외쳐 보라. "무한한 부가 내 생활을 충분히 만족시켜 줄 것이다. 하늘의 부에는 늘 잉여가 있다. 머지않아 나에게 기적이 일어날 것이다." 우리는 요술방망이를 마음속에 이미 가지고 있는데, 그것을 활용하는 방법을 알지 못하고 자꾸 밖에서 찾는지도 모른다.

자신에게 내재하는 진실의 부를 깨닫지 못하고 외적인 소유물과 주변 환경에 마음을 빼앗겨 사람의 마음속에 내재하는 창조력을 알아차리지 못하는 것이다.

잠재의식의 힘을 현명하게 사용하는 것, 그것이 행복과 편안함을 얻는 비결이다. '내가 성공하는 것은 당연하다.'라는 생각을 진정으로 받아들이고, 성공한 자신을 상상해보자.

미국 자동차 왕 헨리 포드는 "된다고 생각하든, 안 된다고 생각하든 모두 맞는 말이다." 내가 생각해봐도 이 말은 맞는 말이다. 된다고 생각하면 될 것이고, 안된다고 생각하면 안 될 것이기 때문이다.

인생은 맘먹기에 달려 있다. 맘만 먹으면 할 수 없는 일은 없다. 승리에 이르는 열쇠는 성공한 자신의 모습을 그리는 것이다. 잠을 잘 때도 길을 걸을 때에도 성공한 자신의 모습을 그리는 것이다. 잠재의식 속 깊은 곳에 저장된 그림은 현실이 된다.

꿈이 실현된 모습을 바라보자. '금 나와라 뚝딱' 하면 금이 나오고, '은 나와라 뚝딱' 하면 은이 나오는 요술방망이가 우리 안에 있음을 알고, 이 요술방망이인 잠재의식을 잘 활용해서 우리 자신도 성공하고, 그 성공의 열매를 주변에 있는 많은 사람들에게 나눠주자.

아주 현실적인 친구가 내 글을 읽은 후에 구체적이고 현실적인 대안이 없다고 지적했다. 예를 들면, 시중에 나와 있는 '단돈 천만 원 투자하여 10억 버는 방법', '먹는장사 해서 돈 버는 방법' 등 돈을 버는 구체적 방법 제시가 없다는 얘기를 하였다.

일부분 옳은 얘기라고 생각하지만, 나는 인생을 살면서 가장 큰 문제는 현실의 문제로 인해서 정신적으로 좌절하는 것이 더 문제라고 생각한다. 그리고 물질적인 성공도 정신적으로 먼저 성공의 그림을 그릴 수 있어야 현실이 되는 것이다. 이 글은 먼저 정신적으로 일어설 수 있도록 하는 데 초점을 두었다. 그리고 분야는 달라도 성공의 기본원리는 같다고 생각한다. 기본원리를 터득하면 모든 분야에 적용할 수 있다.

물론, 친구의 얘기를 존중하여 현실의 문제 속으로 파고 들어가서 글을 쓸 필요도 있다고 생각한다. 그런데 지금 우리 주변에는 지푸라기라도 잡고 싶을 정도로 힘든 상황에 있는 사람들이 있다. 해결할 수 있는 방법이 현실적으로 아무것도 없다고 포기하기 직전에 있는 사람들에게 필요한 것은 '금 나와라 뚝딱' 하는 요술 방망이가 아닐까?

우울한 시대, 행복하게 사는 방법

우리나라에서 최고 명문인 서울대학교에서 재학생들이 우울증 증세가 있는 학생들이 많아 우울증 검사를 실시한다는 신문기사를 보았다. 그 기사를 읽은 택시기사 한 분이 "서울대학생이 우울증 걸리는 세상이라면, 대학 근처에도 가보지 못한 사람들은 정신병원에 입원해야 되지 않느냐?"고 반문했다.

그만큼 우리 사회가 갈등의 문제가 많고, 살기 힘들다는 것을 방증한 신문기사라고 생각한다. 농경 사회보다 산업과 과학이 발달하였지만, 오히려 사람들이 더 우울증에 시달리고 있다.

내가 어릴 때만 해도 논밭에서 함께 일하고 이웃이 어려운 일이 있을 때는 서로 도와주면서 격려해주었다. 농경 사회가 우울증 환자가 적었던 것은 이웃이 서로 자연스럽게 인생의 상담자 역할

을 해주고, 지금보다는 사람들이 마음의 여유를 가지고 힘든 일
도 웃음으로 넘기면서 살았기 때문일 것이다. 그런데 요즘은 실제
로 우울증으로 고생하는 사람들이 많다.

내가 근무하는 직장 동료 중에도 우울증으로 가족을 힘들게
하는 사람도 있으며, 심지어는 생명까지 끊은 사람도 있다. 이렇
듯 우울증을 가볍게 볼 것이 아니다.

우울증은 현실상황의 문제도 있지만, 그 문제를 어떻게 받아들
이느냐는 정신적 자세에 더 큰 원인이 있다고 생각한다.

똑같은 상황을 접하고서도 낙관적으로 생각하는 사람이 있으
며, 반대로 비관적으로 생각하는 사람들도 있다. 많은 경우 희망
과 절망의 갈림길은 외부의 객관적인 상황보다도 이를 해석하고
느끼는 개인의 시각으로부터 발생한다.

그래서 똑같은 상황을 겪어도 희망을 잃지 않는 사람이 있는가
하면, 조그만 불행을 당하면 쉽게 절망감에 빠지는 사람도 있다.

희망이 넘치는 사람은 생활이 밝아지고 의욕에 차 있기 때문에
개인적으로 행복할 뿐만 아니라 하는 일도 훨씬 더 능률적으로
해낸다.

미국 심리학회 회장 마틴 셀리그만 박사는 "오늘날 우리 건강을
위협하는 것은 신체적 건강보다도 정신 건강의 문제다. 비관주의

는 개인의 능력과 재능을 떨어뜨리고 의욕을 저하시키며, 우울증을 유발하고 건강 상태까지 해친다. 직장인, 스포츠 선수, 세일즈맨, 아이들에서부터 정치인에 이르기까지 비관주의자에 비해 낙관주의자가 훨씬 더 많은 성취를 이루어 내는 것을 실험적으로 증명했다."라고 한다.

낙관주의자는 희망이 넘치고 생활이 즐겁다. 남들이 보기에 평범한 일도 이들은 매우 보람 있고 즐겁게 생각하며, 자신의 주변에서 벌어지는 모든 일을 밝게 본다.

이런 낙관적인 시각은 이들의 건강 상태를 좋게 만들고, 좋지 않은 일을 당해도 일시적으로는 충격을 받지만, 곧 그 늪에서 빠져나온다.

현실에 대해 낙관적인 해석을 하는 것 또는 앞으로 일어날 낙관적인 일을 상상하는 것으로도 마음은 밝아질 수 있다.

지금 마음속에 그늘진 비관적 생각을 없애자. 그리고 당신의 얼굴에 밝은 미소가 피어오르도록 의식적으로 낙관적 생각을 해보자. 얼굴의 미소는 억지로 만들어서는 오래가지 못한다.

밝은 미소가 가득하려면 낙관적 생각이 당신의 마음속에 끊임없이 피어올라야 한다. 항상 얼굴에 미소가 가득한 사람은 백만 불짜리 이미지를 갖고 있는 것이다. 사람의 생각은 얼굴에 나타나게 되어 있다. 생각이라는 무기고에서 우울함과 무기력과 울화 같은 무기를 꺼내면 자신을 파멸시키게 되고, 환희와 활력이 넘치는 적극적인 생각을 만들어내면 인생의 평안과 행복이 넘치게 된다.

개인이 쓰고 있는 말투나 억양 또는 대화의 내용도 그 사람의 이미지를 구성하는 중요한 요소이다. 비관적인 사람이 쓰는 말투는 매우 무겁고 무언가 처져 있는 느낌을 준다.

그리고 대화의 내용도 즐겁고 재미있는 내용보다 비판적이거나 심각한 화제를 즐겨 쓴다. 이에 비해 낙관적인 사람이 쓰는 말투는 매우 가볍고 활기가 넘친다. 밝은 표정을 가진 사람들이 쓰는 말투를 보라. 그들의 억양이나 표현은 그 자체로 생기를 담고 있다.

낙관적 신념이 투철한 정치가가 하는 연설에서도 이와 같은 분위기를 느낄 수 있다. 그들의 연설에서는 힘과 활기가 넘쳐흐른다. 낙관성이 강한 사람은 행동이 가볍고 쾌활하다. 행동이나 동작에서도 어두운 기색이 거의 보이지 않는다.

그들의 이런 행동은 다른 사람들에게 자신감을 보여 준다. 자신의 언어 습관을 낙관적으로 바꾸려면 다음과 같은 사항에 유의해야 한다. ① 어떤 상황에 대한 해석을 비관적으로 말하지 않는다. ② 미래의 일에 대하여 낙관적인 점을 강조한다. ③ 과거의 일 중에 어두웠던 점을 반복하지 않는다. ④ 전체적인 대화 분위기를 밝고 즐거운 방향으로 끌고 가면서 다른 사람의 단점보다 장점에 치중하여 얘기한다. ⑤ 화제를 늘 밝고 재미있는 내용으로 고른다. ⑥ 심각한 문제는 가급적 가볍게 얘기하고 넘어간다. ⑦ 대화 도중에 웃음소리가 자주 터지도록 유도한다. ⑧ 상대방의 비관적인 대화 유도에 휩쓸리지 않도록 한다. ⑨ 같은 내용도 밝게 얘기하는 기술을 배운다. ⑩ 유머와 기지를 잘 사용한다.

이와 같은 점에 유의하면서 대화하는 습관을 익히면 차츰 낙관적인 방향으로 바뀔 것이다. 낙관적인 사람은 상대방에게 호감을 주며, 이것은 대인 관계에서 비교할 수 없는 좋은 무기다.

어느 분야든 성공하는 사람들의 공통된 특징은 낙관성이 풍부하다는 점이다. 정치가, 사업가, 예술가, 세일즈맨, 직장인 중에 성공한 사람들은 낙관적 신념이 넘친다.

우리나라 최고의 명문인 서울대학생들도 우울증 검사를 할 정도로 비관적인 사회 환경이라고 해도 낙관적으로 바라보는 눈을 갖자. 비관적으로 바라보면 문제는 더욱 복잡해질 뿐이다. 낙관적인 관점에서 바라보면서 두 어깨를 펴고 당당히 걸어나가자. 희망의 미래로.

행운을 부르는 사고방식

다른 사람들은 모든 일이 잘 풀리는 것 같은데, 자신만 잘 안 풀린다는 생각이 들 때가 있다. 친구가 사는 아파트값이 오르는데 자기가 사는 집은 안 오르는 경우, 친구는 승진했는데 자신은 몇 년째 그 자리만 지키고 있을 때 등등 자신만 운이 없다는 생각이 들 때가 많다.

행운과 불운의 차이는 조건이 아니라 마음에서 비롯하는 것이다. 운은 마음이 부정의 상념으로 가득 차 있으면 나빠지고, 반대로 긍정의 신념과 다른 사람들을 사랑하는 마음으로 가득 차 있으면 저절로 좋아지기 마련이다.

긍정적인 마음은 꿈과 희망을 품고 적극적으로 나아가는 마음이고, 낙천적인 마음은 어떤 역경도 긍정적으로 생각하며 심신을 편안히 하는 마음이며, 다른 사람을 사랑하는 마음은 다른 사람을 존경하고 기쁨을 주는 마음이다. 그렇다면 운을 부르는 방법이 없을까 하고 이 책 저 책을 산책하면서 발굴해낸 것이다.

첫째, 괴로운 일이 생겨도 '괴롭다'고 생각하지 않는 것이다. 일본에서 고액 납세자 순위에서 항상 상위를 차지하는 사이토 히토리는 『이상한 사람이 쓴 성공법칙』이라는 책에서 자신이 이렇게까지 성공할 수 있었던 까닭은 "괴로운 일이 생겨도 결코 괴롭다고 생각하지 않았기 때문이다."라고 했다. 괴롭다고 하면 운이 쇠한다.

반대로, 괴로운 일이 생겨도 '일은 괴롭지만 나를 성장시키기 위한 매우 좋은 기회'라고 긍정적으로 생각하면 부정적인 현상은 더는 늘어나지 않는다.

그리고 이렇게 해서 한 번 긍정적인 현상이 일어나면 마음이 긍정적으로 바뀌기 때문에 계속 좋은 일이 생기고. 행운으로 바뀌어진다.

힘든 상황이 닥쳐도 낙천적인 발상을 하여 긍정적인 쪽으로 전환시키는 것이다. 다시 말해, 그 불행을 오히려 좋은 일이라고 생각해 버리는 것이다.

물론 전혀 좋은 일이 아니지만, 그 불행 안에 무엇인가 유익한 것이 있다고 생각하고 그 유익함을 찾는 것이다. 그렇게 하면 부정적인 상념은 없어진다.

둘째, 어떤 일이든 긍정적인 면부터 본다. 여러 분야에서 성공한 사람들은 대부분이 낙천적인 발상을 하는 사람들이다. 성공한 사람은 늘 긍정적인 의식을 갖기 때문에 성공한다.

그렇기 때문에 자신감을 갖고 일에 임하게 되는 것이다. 이처럼 의식과 행동이 늘 긍정적인 뿌리로 연결되어 있기 때문에 자신감을 갖고 일에 임하게 되는 것이다.

성공이나 행복을 바란다면 낙천적인 발상을 갖도록 노력하고 이를 습관화해야 한다.

셋째, 자신의 과거에서 성공한 일을 떠올린다. 대부분의 사람들이 자기의 과거를 돌아볼 때 불행했던 기억, 실패했던 일, 고생했던 일 등을 생각하는 경우가 많다.

그런데 운을 부르려면 지금까지 살아오면서 실패한 일에서는 교훈만 뽑아낸 후에 접어두고, 자신이 성공한 일들을 떠올려 보는 것이다.

낚시하면서 고기를 잡아 올릴 때 손맛을 본 사람은 그 손맛을 생각하면서 긴 시간을 인내하는 중에 또 하나의 고기를 잡는다. 마찬가지로 과거에 성공한 느낌을 다시 살리는 것은 오늘 운을 부르는 데 중요한 것이다.

내 경우의 예를 들면, ① 초등학교 전 학년 반장, 공부 1~2등, ② 중학교 전 학년 공부 1~2등, 반장 및 총학생회장, ③ 면사무소에서 공무원 시작하여 군청을 거쳐 도청으로 영전하여 주요부서 근무, ④ 시집 및 수필집 출간(베스트셀러), ⑤ 9급부터 시작하여 40대 초에 사무관 승진, ⑥ 면장, 군청 종합민원실장, 문화공보실장, 도청 정보화지원과장, 문화산업과장 등 성공적 수행, ⑦ 관광, 공업, 감사업무 등 성공적 수행, ⑧ '사랑의 쌀통' 아이디어 시책 성공으로 수백 명 도와줌, ⑨ 공무원 및 민간대상 인기 있는 강의, ⑩ 실의에 빠진 친구들을 격려하여 용기를 가지고 다시 일어나 살도록 해줌 등.

누구에게나 실패경험과 성공한 경험이 공존할 것이다. 실패한 경험을 곱씹으면서 후회하지 말고 성공체험을 떠올리면서 자신감을 찾아 도전하자.

넷째, 긍정적인 대화를 한다. 인생을 행복하게 만들기 위해서는 불쾌한 부분을 줄이고 유쾌한 부분을 확대할 필요가 있다. 불쾌함을 피하는 첫걸음은 불쾌한 용어를 사용하지 않고, 불쾌한 대화를 하지 않는 것이다.

불쾌한 용어나 대화란 푸념, 불평불만, 욕, 비판 등 부정적인 말이다. 이런 부정적인 용어를 내뱉으면 어느새 자신의 마음도 부정적인 감정으로 가득 차게 된다. 성공한 사람들은 푸념이나 불평·불만을 좀처럼 하지 않는다.

다섯째, 현재를 최고로 즐기는 것이다. 산 정상까지 올라가 멋진 경치를 보고 쾌감을 얻는 것은 좋은 일이다. 그러나 산을 오르는 동안도 즐거워야 한다.

주변의 꽃을 보고 아름답다고 느끼고 새나 곤충들의 노랫소리를 듣거나 친구와 함께 이야기를 나누는 등 올라가는 시간도 즐겨야 한다. 새를 보든, 꽃을 보든, 아름다운 것을 보면 감동하면서 산에 오르면 훨씬 더 힘들지 않다.

여섯째, 자주 웃고, 다른 사람을 웃기자. 웃음은 면역력을 높인다. 일본 이타미진로 박사는 "우리 몸 안에는 3,000여 개나 되는 암세포가 발생하고 있는데, 암으로 진행되지 않는 것은 체내 자연 살해 세포가 암세포를 먹어 치우기 때문인데, 이 자연 살해 세포를 활성화시키는 것이 바로 유머, 웃음이다."라고 했다.

박사의 실험을 통해 희극을 보고 많이 웃는 환자일수록 자연 살해 세포가 5배나 활성화되었고 면역력도 높았다고 한다.

세상살이가 아무리 힘이 들어도 가끔씩 주변 사람들과 유머를 구사하면서 박장대소를 해보자. '웃으면 복이 온다.'는 우리 조상들 얘기를 기억하면서 웃을 일이 없어도 웃음을 만들어 웃으면서 일을 하면 웃을 일이 생길 것이다.

그리고 자기는 운이 없다고 불평하기 전에 먼저 생각을 행운을 부르는 사고방식으로 고쳐 봄이 어떨까?

역경 속에는 기회가 있다

  우리는 살다 보면 실패의 경험이나 병, 좌절 등의 역경을 만날
수 있다. 그런데 역경은 의지를 단련시켜 인내력을 기르게 하고
야심을 불타오르게 한다. 큰일을 해낸 사람의 과거를 살펴보면,
보통의 인간이라면 절망하고 마는 빈곤이나 실패 등의 괴로움을
맛보지만, 동시에 이 시기에 성공하기 위해서 필요한 힘을 기른
다. 나도 실패의 쓰라림을 딛고 일어서면서 평범한 공무원이 겪지
않아도 될 고통과 경험을 하였다.

  그리고 이런 경험을 그냥 버리기에는 너무 아까워 글로 정리한
것이다. 글을 쓰면서 나 스스로 일어나는 데 힘을 얻고, 내 주변
에 있는 후배들이 내 글을 읽고 조금이라도 도움이 된다면 내가
겪은 실패의 고통이 오히려 보람과 유익함으로 재생산되는 것이라

고 생각한다.

　우리의 목표달성과 꿈의 실현이 어려우면 어려울수록, 괴로우면 괴로울수록 그것을 해냈을 때의 감동은 더 클 수밖에 없다. '태어난 보람'이 있다는 최고의 감동을 맛보기 위해서는 그전에 괴로움을 겪는 시기가 있다.

　인생은 아무리 가난하더라도, 괴롭더라도, 실패하더라도, 최후에 성공하면 되는 것이다. 빈곤은 쓰라리고 괴롭지만, 도약하기 위해서 필요한 용수철이 되고, 전진을 위한 강력한 에너지가 된다. 프랑스의 대문호 발자크는 젊었을 때 계속하여 사업에 실패하자 많은 빚을 졌다. 그는 이것을 의욕을 높이는 용수철로 삼아 열심히 글을 쓴 결과『결혼의 생리학』,『골짜기의 백합』등 수많은 베스트셀러를 낳았다.

　요즘은 일부 대기업에서 신입사원을 뽑을 때에 위기대처 능력을 테스트한다. 얼마 전에 모 대기업 간부와 얘기할 기회가 있었다. 그 간부 얘기가 자기회사 신입사원 입사 훈련 시에 실기시험 문제 중의 하나는 머리빗을 100개씩 나눠 주고 절에 가서 팔고 오라고 했는데, 빗을 사용하지도 않는 스님한테 팔라는 얘기는 황당하다면서 대부분 적극적으로 팔지 않았는데, 소수의 신입사원만이 스님을 설득시켜서 팔고 왔다고 한다. 그 설득내용은 절에는 수천 명의 여자 신도들이 방문하는데, 그 여신도들에게 머리를 단정하게 빗고 예불을 올리도록 하는 데 필요할 것이니 빗을 사두라고 했다고 한다. 그 간부는 절에 가서 빗을 팔고 온 친구들은 분명 높은 관리자의 소질이 있으며 회사에 크게 기여할 사람들이라고 했다. 왜냐하면, 위기에 봉착했을 때 포기하지 않고 해결방안을 제시하는 자세가 되어 있기 때문이라고 하였다.

그런데 솔직히 역경이 닥치면 걱정과 근심을 하는 것은 오히려 당연한 것이다. 그러나 대안 없이 걱정만 하는 것은 도움이 안 된다. 사람이 죽으면 송장은 벌레에게 먹혀 버린다. 그런데 살아 있으면서도 먹혀버리는 수가 있는데 그것이 바로 근심이다.

내일 일을 너무 걱정하지 말라. 문제에 대하여 지나치게 고민하거나 지나치게 후회하는 일은 정신적·육체적 자살행위이다. 낙관은 자기뿐만 아니라 남도 환하게 한다. 유대인은 서글픈 눈을 하고 있다.

그러나 한없이 밝다. 슬픔을 알고 있기에 밝음이야말로 얼마나 귀중한 것인가를 안다. 밤을 알고 있기에 태양의 혜택을 즐길 수 있는 것이다. 남을 행복하게 하는 것은 향수를 뿌리는 것과도 같다. 뿌릴 때 자기에게도 몇 방울은 묻는다.

실패로 인하여 큰 것을 잃어버린다 해도 그때마다 그와 맞먹는 만큼 큰 교훈을 얻고 있는 것이다. 그러나 하고 싶었는데 하지 않은 일에서는 그러한 가능성이 없다. 잘못 저지른 일, 곧 실패는 성공의 비료라고도 말할 수 있다. 실패는 성공의 토양을 만드는 데 유익하지만 일을 하지 않았다는 것은 가능성이라는 토양 자체를 잃어버리게 되는 것이다.

나도 공무원만 착실하게 다녔다면 경제적인 실패의 고통은 겪지 않았을 것이다. 가끔 뒤를 돌아보면 아쉽고 후회스러울 때도 있다. 그런데 이런 생각이 머리에 스칠 때마다 산책하면서 생각을 정리한다. '나는 이 기회를 더 큰 성장의 기회로 활용하여 배가의 노력을 하면 반드시 더 큰 성공을 할 수 있다.'라고.

나는 서울 강남에 있는 충청남도 서울 통상지원사무소 총무담당 사무관으로 근무한 적이 있다. 그때 대전에서 서울까지 일주일에 두세 번씩 경부고속도로를 이용하여 다녔는데, 변화가 없는 넓고 곧은 도로가 지루했다. 그 전에 대전에서 홍성군청으로 다닐 때는 꼬불꼬불한 칠갑산을 넘어다녔는데 훨씬 지루하지 않았다.

인생길도 구부러지거나 오르막길 없이 일생 동안 고속도로 같다면 매우 지루할 것이다. 물론, 인생의 역경은 우리를 매우 힘들게 한다. 그런데 이런 역경 속에서 기회를 찾아 도전하다 보면 더 큰 성공을 거둘 수 있으며, 그 성공의 기쁨은 더욱 클 것이다.

내 꿈 중의 하나는 내가 겪은 역경을 극복하는 데 도움이 되었던 지혜와 용기를 정리하여 책으로 펴내는 것이고, 그 책이 우선 나의 아들과 딸이 읽고 인생을 살아가는 데 도움이 되기를 바라는 것이며, 또한 더 나아가서 많은 사람들에게 용기를 주는 역할을 하였으면 하는 것이다. 베스트셀러가 되면 좋겠지만, 그보다는 절망 가운데 빠진 사람 중에 한 사람이라도 내 책을 읽고 용기와 지혜를 얻어서 새로운 길에 도전하여 성공한다면 아주 큰 보람으로 생각한다. 그리고 이것이 내가 유명해지는 것보다 훨씬 더 중요한 일이다. 한 영혼은 천하보다 귀하기 때문이다.

성공자는 실패한 후에 "나는 사업을 실패했다. 그러나 나는 패배자가 아니다. 지난날의 경험을 유효하게 되살려 다시 한번 일어나 보자." 이 실패를 교훈으로 삼고 운명을 재건해보자 라고 하면서 급기야 성공한다.

얼마 전에 실패를 딛고 일어난 사업하는 친구를 만나서 얘기하는 중에 내가 "사업을 시작하거나 투자를 하기 전에 분석하고, 현장을 확인하고, 생각하는 것에 투입하는 시간과 노력의 고통은 그 과정을 거치지 않고 쉽게 결정한 사업이나 투자에서 실패한 후에 겪어야 하는 고통의 수천분의 일도 안 된다." 하였더니 그 친구가 무릎을 치면서 옳은 말이라고 하면서 엄청난 것을 어떻게 알게 되었느냐고 하기에, 나는 역경이 가져다준 기회라고 말했다. 이렇듯 역경이 우리에게 주는 기회는 많다. '역경은 기회'라고 생각하고 발상을 전환하여 다시 한번 일어서자.

극한 상황에서도 할 수 있다고 마음먹자

나는 사업실패 등 고난이 없었다면 이런 글을 쓸 생각을 하지 않았을 것이다. 극한상황에서 지푸라기라도 잡고 싶은 심정으로 책을 읽으면서 고난을 극복한 경험이 오히려 나를 성장하게 하였으며, 글을 쓰게 만들었다.

물론 내용이 빈약하고 독창적이지도 못하지만, 내가 살아온 삶에 대하여 글을 남기는 것에 대하여 자부심을 가지며 나의 아들이나 딸, 그리고 앞으로 계속하여 나의 후손들이 이 책을 읽으면서 내가 얻은 지혜를 깨닫는다면 아주 큰 보람이라고 생각한다.

솔직히 말하면, 경제적으로 실패하여 포기했다면 사무관 승진하기 전에 공무원 옷을 벗어야 했다. 그러나 나는 포기하지 않았다. 물론, 최고 버티기 힘든 것은 정신적 고통이었다. 정신적으로 포기하고 싶은 마음이 엄습할 때마다 '나는 할 수 있다'는 마음을 되새기면서 아내를 통하여 바닥에서부터 시작했다.

새벽시장에 가서 채소를 사다가 동네 구멍가게에서 파는 것부터 다시 시작하면서 정신적으로 나를 지탱시켜나갔기 때문에 오늘까지 버틸 수 있었다. 물론, 형제나 친지 등 나의 버팀목이 되어준 사람의 힘도 매우 컸다.

그리고 내가 성공하면 반드시 은혜를 갚아야 할 사람도 있다. 그런 사람 때문에라도 나는 여기서 그만둘 수가 없다. 기필코 성공해야 하고 반드시 성공할 것이다.

힘들고 어려울 때 버팀목이 되는 사람들이 진실한 관계이다. 옥과 돌은 뜨거운 용광로에서 가려지듯 인간관계도 마찬가지다. 나는 이런 상황을 극복하면서 극한 상황에서도 할 수 있다는 자신감만 있으면 다시 일어날 수 있다는 것을 깨닫게 되었다.

우리나라 옛말에 "호랑이에게 물려가도 정신만 차리면 산다."라는 얘기가 있다. 아주 옛날에는 실제로 호랑이가 동네 가운데까지 내려왔었다고 한다. 오늘날에는 호랑이에게 물려갈 일은 없겠지만, 인생길을 가다 보면 호랑이에게 물려간 것보다 더욱 무섭고 힘든 상황이 닥치는 경우도 있다.

우리는 이런 상황에서 정신을 차려야 한다. 정신을 차리지 못하고 방황하면 침몰하게 된다. 아무리 힘든 극한 상황을 만나도 정신을 차리고 극복할 수 있다는 자신감을 가지고 나가면 극한 상황이 반전된다.

인생을 살면서 주변 환경을 바라보면 아무것도 할 수 없는 것 같이 보일 때가 있다. 이럴 때 할 수 있다고 생각하는 것이 무엇보다도 중요하다.

성공한 사람들은 공통적으로 "나라면 반드시 할 수 있다."라는 강한 신념을 가졌다.

미국의 유명한 저술가이며 연사인 데니스 웨이틀리(Denis Waitley) 박사가 이런 말을 하였다. "승리 팀의 필드골 키커는 필드골을 차기 위해 킥 선상에 서면서 스스로에게 내가 이 필드골을 차면 우리는 슈퍼볼에 진출하게 될 것이고, 또한 모든 선수가 3만 달러의 상금을 타게 될 것."이라고 생각하였다.

반면, 패배 팀의 키커는 "킥 선상에 서서 내가 만일 이 필드골에 실패하면 우리 팀 동료에게 3만 달러씩의 손해를 입히게 될 것."이라고 생각하였다고 한다. 승리자들은 자신들의 목표에만 관심을 집중시키는 반면에, 패배자들은 원하지 않는 것에만 관심을 집중시켜 각각 그것을 얻어낸다고 한다.

우리 생활에서 가장 파괴적인 힘은 우리들의 상상력을 부정적으로 사용하는 것이다. 대부분의 사람들은 자신들이 바라지 않는 것들을 상상한다. 그래서 시험장에 앉으면 시험을 잘못 쳤을 때의 일부터 생각한다. 패배자들은 실패, 패배만 생각하고, 승리자는 성공과 승리만 생각한다.

할 수 있는 것만을 생각하건, 할 수 없는 것만을 생각하건 그 선택권은 자신에게 있다.

본인이 대장암 말기 환자로 암을 극복하여 가면서 국내 유방암 수술분야에서 손꼽히는 명의인 영동세브란스병원 암센터 소장인 연세 대학교 의대 이희대 교수는 "희망은 조물주가 만든 최고의 명약이다. 암 치료의 성공과 실패의 갈림길에서 희망은 환자를 성공적으로 유도하는 길잡이 역할을 한다."라고 말했다.

인생에서 성공하는 사람이란 인생길 위에서 마주치게 되는 곤경과 정면에서 대결하여 그 경험을 자신의 피와 살로 만들고 타인에게도 그 교훈을 전해줄 수 있는 사람이다.

반대로, 실패하는 사람은 역경에 처했을 때 그것을 자기의 한계라고 체념해 버리는 사람이다. 대개, 고난은 오히려 인간의 성장에 도움을 주는 것이다. 고난은 인내심과 일에 대한 의욕을 불러일으키는가 하면, 때에 따라 자신도 의식하지 못했던 새로운 힘을 샘솟게 한다.

우리가 익히 알고 있는 위인들 가운데서도 자기의 고난을 극복하고 어느 한 분야에서 최고의 경지에 오른 사례는 수없이 많다. 셰익스피어가 극작가로서 명성을 떨치기 전까지 어떤 직업을 가졌었는지에 대해선 아직까지 확실하게 알려지지 않았지만, 비천한 신분이었다는 것만은 분명하다. 다만, 그의 아버지가 목축업과 도살업을 하는 사람이었다는 점을 고려할 때 어린 시절엔 양털 깎는 일을 했을 것이다.

좀 더 나이가 들었을 땐 학교 급사로 일하다가 어느 고리대금업자 사무실에서 서기 노릇을 했다는 설도 있다. 그런가 하면 작품속에서 나오는 선원들의 용어가 너무도 정확하다는 이유로 그가 뱃사람이었다고 주장하는 사람들도 있고, 성경에 정통한 그의 글을 보고 놀란 성직자들은 그가 교회 일에 종사했을 것이라고 주장하기도 했다.

심지어 그가 한때 말馬장수였다고 주장하는 사람들도 있는데, 모두가 그의 작품에 녹아 있는 해박한 지식을 놓고 추론한 것이었다.

그런 의미에서 확실히 셰익스피어는 명배우였다고 할 수 있다. 그는 평탄하지 못한 삶을 통해서 수없이 많은 역할을 해왔던 배우이자 연출자였다. 그러한 삶의 이력이 훗날 그의 작품 속에 홀

룡히 녹아들어 극 중 인물 하나하나를 살아 숨 쉬게 만든 원동력이 되었던 것이다.

우리는 극한상황을 만들지 말아야 하겠지만, 살다 보면 예기치 못하는 상황에 접하여 극한 상황에 놓일 때가 있다. 이런 상황이 닥치면 방황하게 되는데 평소에 이런 책을 읽으면서 정신을 단련해 놓는다면 훨씬 더 헤쳐나가는 데 도움이 될 것이다.

인생은 좋은 상황에서보다 극한 상황이 닥쳤을 때의 자세가 더욱 중요하다. 극한 상황에서도 포기하지 않고 '할 수 있다'는 자신감을 갖고 정면으로 도전한다면 아무리 힘든 상황도 극복할 수 있으며, 그런 경험이 인생의 성공기반을 만든다.

이희대 영동 세브란스병원 암센터 소장은 "사람의 생명은 생기를 통해 유지되는 것이며 암도 몸에 생기를 불어넣어 물리쳐야 하는데 삶의 희망이 바로 몸의 생기."라고 말했다.

절벽에 매달려 올라갈 힘이 다 빠졌을 때는 올라가려고 없는 힘 쓰지 말고, 그냥 그곳에 매달려서 버티는 것이 최선책인 경우가 있다. 우리 주변에는 절벽에서 조금만 더 버텼다면 구조되었는데, 버티지 못해서 떨어진 사례가 많다.

극한 상황에서도 포기하지 말고 할 수 있다는 마음으로 버티자. 내일까지 버틸 힘이 없다고 포기하지 말고 오늘 이 순간만 버티면 된다는 생각으로 조금만 더, 아주 조금만 더 버텨보자.

그러면 상황이 어느 순간에 역전되는 것을 경험하게 될 것이다.

현실을 무시하는 정책은 '사상누각沙上樓閣'

정보화 시대를 맞이하여 참신한 아이디어로 벤처기업들이 새롭게 탄생하고, 또 한편으로 실패하여 사라지는 일들이 빈번하게 나타나고 있는 가운데 이에 뒤질세라 민선 이후에 전국 지방자치단체들도 새로운 정책들을 앞다투어 만들어 내면서 실패사례들이 속출하고 있다.

그런데 벤처기업이 망하면 개인경제에 타격을 주지만, 국가나 지방자치단체의 정책실패는 막대한 예산 낭비로 세금이 공중으로 날아가는 등 국민들에게 큰 피해를 주게 된다.

물론, 공무원들이 정책을 수립하는 데 있어 아이디어를 짜내거나 선진사례를 벤치마킹하는 등 많은 노력을 하는 것은 사실이다. 그런데 이 과정에서 중요한 것을 간과하는 경우가 있다. 그것은 현실상황을 정확하게 이해하지 못하는 가운데, 선진 사례나 아이디어를 적용하여 정책을 수립하는 것이다.

한의사가 침을 놓기 전에 환자의 맥을 정확하게 진단해야 하는데, 맥도 모르고 침을 놓으면 환자의 병이 호전될 리가 없다.

이것은 개인이 새로운 사업을 시작할 경우에도 똑같이 적용된다. 돈만 준비되면 사업이나 장사를 해서 성공할 것으로 알고 시작하는 경우가 많은데, 사업자금 못지않게 중요한 것은 하고자 하는 사업이나 장사에 대한 실제경험을 통한 노하우이다.

사업이나 장사에 성공하려면 경험 없이 큰돈을 투자하지 말고, 하고자 하는 업종의 종업원으로 취직하여 적어도 일 년 이상 경험을 하면서 그 업종의 문제점과 전망 등 종합적으로 분석한 후에 좀 더 창조적으로 벤치마킹하여 자신감을 가지고 자기 자본을 투자하여 사업을 시작한다면 성공할 확률을 훨씬 더 높일 수 있을 것이다.

자신이 직접 경험할 수 없는 입장이라면 경험이 있는 사람 중에 진실을 얘기해줄 만한 사람을 찾아서 의견을 깊이 있게 듣는 것이 필요하다.

공무원이 성공적인 정책을 수립하려면 어떻게 해야 하는가? 간접경험도 중요하지만, 할 수 있으면 직접 경험해보는 것이라고 생각한다. 택시와 교통체계에 대한 정책을 수립하려면 정책입안자가 단 며칠이라도 직접 택시 운전을 해보는 것이 최선이다.

운전을 하면서 무엇이 문제점인가를 체험하고, 동료 운전기사들의 비판적인 의견을 들어보면서 실상을 파악한 후에 정책대안을 만들어 시행하면 실패율을 획기적으로 줄여나갈 수 있다고 본다.

정책은 이상을 추구해야 하지만, 언제나 현실의 토대 위에서 실현 가능한 것을 수립해야 한다. 현실을 무시한 이상만 지향한 정책이 실패한 사례는 많이 있다.

특히, 민선 자치가 시행된 이후에 자치단체장들이 자기 임기 내에 획기적인 사업을 해서 두각을 나타내려는 가운데, 직업 관료들의 한건주의와 맞물려 현실과 동떨어진 정책을 양산하여 중요한 예산을 낭비한 사례는 전국적으로 실사해본다면 무척 많을 것이다.

정보화 시대에 새로운 아이디어는 정부나 개인에게 중요하다. 그러나 그 아이디어를 우리 인간에게 유익하도록 만들어 가려면 그 사회 환경 등 현실을 정확하게 파악하여 적용시키는 것이 더욱 중요한 일이라고 생각한다.

언제부턴가 우리 사회에는 경험과 경륜을 가벼이 여기는 문화가 팽배한 것 같다.

그러나 경험과 경륜은 일의 실패를 막아주는 지혜의 보고이다.

"서울대학교를 졸업했습니다." / "미국 하버드대학교 박사과정을 마쳤습니다."라고 말하면 일을 성공적으로 할 수 있을 것이라고 생각할지 모르지만, 막상 실제 일을 맡겨보면 실패하는 경우가 많을 것이다. 왜냐하면, 성공을 위해서 반드시 다녀야 할 학교에 다니지 않았기 때문인데, 그것이 바로 '고생학교'이다. 이 세상에 고생만큼 많은 것을 가르쳐 주는 것이 있을까? 수많은 경험을 하면서 하는 고생은 성공을 보장해주는 밑거름이 된다.

이렇듯 현실을 무시한 정책은 모래 위의 성이 될 것이다. 민선자치시대를 맞이하여 각 지방자치단체에서는 정책조직을 강화하여 정책개발에 힘쓰고 있다.

그런데 과연 여기에서 개발하는 정책들이 실제로 성공하여 주민 실생활에 얼마만큼의 도움을 주느냐 하는 것은 심도 있게 따져볼 필요가 있다고 생각한다.

정책팀에서 수립하는 정책을 성공시키려면 정책팀 직원들이 사무실에서 근무하는 시간보다 현장에서 체험하는 시간을 더 많이 가져야 한다고 생각한다. 출장기간, 출장 장소, 출장비 등에 대한 통제를 줄이고, 언제 어디에서든지 실제 경험을 하면서 성공 가능한 양질의 정책을 만들 수 있는 토양을 배양해줘야 한다고 생각한다.

관료적이고 경직된 분위기에서는 급변하는 현실상황을 정확하게 읽을 수 없으며, 참신한 아이디어나 성공적인 정책이 나올 수 없기 때문이다.

특히, 본격적으로 지방분권화 시대를 맞고 있는 오늘날에 지방 자치단체 공무원들이나 단체장들은 현실 문제의 원인 등을 냉철하고 정확하게 진단하는 능력과 이를 명쾌하고 완벽하게 해결할 정책을 개발할 수 있는 능력을 키워나가야 된다고 생각한다.

정부나 자치단체의 주인인 국민들은 이러한 능력을 갖춘 공무원이나 자치단체의 장을 요구하는 것이 아닐까.

산수문제보다 어려운 인생문제를 잘 풀려면

　반평생 이상 살고 뒤를 돌아보니, 기쁘고 좋은 상황보다는 힘들고 어려운 상황이 많았던 것 같다. 그리고 문제없는 날보다는 해결할 문제가 많은 날이 더 많았다.

　물론, 사람과 운명에 따라 같지 않겠지만 적어도 나의 경우에는 그렇다. 그래서 사색도 많이 하게 되었고 글도 쓰게 되는 등 종합적으로 분석해보면 고난과 문제를 통하여 잃은 것도 있지만 얻은 것이 더 큰 것 같다.

　우리는 초등학교 다닐 때부터 문제에 시달렸다. 풀기 싫은 산수 문제를 잘못 푼다고 선생님께 꾸중을 들으면서 컸다. 그런데 사회에 나와서 인생의 문제에 봉착해보니 학창시절 수학 문제는 아무것도 아닐 만큼 해결하기가 어려웠다. 그리고 학교 다닐 때 산수 문제를 못 풀면 선생님께 꾸중 한번 들으면 되었는데 어른이 되어 얽힌 삶의 문제를 풀지 못하면 그보다 몇백 배 더 큰 아픔을 겪는 경우가 있다.

그리고 학교에선 문제 푸는 방법을 선생님이 자상하게 가르쳐주지만, 사회에서는 스스로 터득해나가야 한다.

그래서 문제 앞에 좌절하기 쉬운 것이다. 그런데 문제가 닥치면 문제 넘어 해결방안을 바라보면서 기회를 찾아서 오히려 이 문제가 나의 인생에 더욱 좋은 것으로 바꿔줄 것이라고 마음을 먹어야 한다.

인생은 마음먹은 대로 바뀌게 되어 있다. 우리는 자신이 생각한 존재가 된다. 우리 각자는 자신이 마음에 프로그래밍한 그대로의 존재가 되는 것이다.

벤저민 디즈레일리는 "나는 오랜 사고 끝에 특별한 목적을 가진 사람은 반드시 그 목적을 성취해야 하며, 이것을 이루기 위해 자기 존재를 거는 의지에 저항할 수 있는 것은 아무것도 없다고 확신함으로써 나 자신을 이루었다."라고 말했다.

그리고 문제를 잘 풀려면 자신감을 가져야 한다. 청년기의 힐튼은 돈보다 자신감을 많이 가지고 있었다. 어머니가 설계도를 펴놓고 일하는 그에게로 와서 걱정스러운 듯 무엇을 하느냐고 묻자,

그는 서슴없이 일급호텔을 설계하고 있노라고 대답했다. "돈은 어디서 나오는데?" 힐튼은 "여기서요."라고 하면서 자기 머리를 가르쳤다. 그는 가능성 있는 돈줄을 전부 훑어 약 오십만 달러의 자본금을 모으는 데 성공했다.

그는 백만 달러가 필요한 호텔 건축을 착수했다. 그리고 백만 달러의 호텔을 짓는다고 하고 다니면서 어떤 일이 있어도 이를 해내고 말겠다는 자신감을 보여줘 사람들은 '힐튼이면 해낼 수 있을 거야.'라고 믿고 투자했다.

존 록펠러도 같은 방법을 썼다. 그가 경영난에 허덕일 때 채권자들이 몰려와 돈을 달라고 하면 록펠러는 곧바로 수표장을 꺼내 들고 "현금으로 가져가겠습니까? 스탠더드 석유회사의 주식으로 가져가겠습니까?" 하고 말했다.

그의 태도가 너무나도 자신에 넘쳐 있었기 때문에 누구나 주식을 원했고 그래서 그는 위기를 뛰어넘을 수 있었다.

큰 위기에 닥칠수록 기회 또한 크게 주어진다. 모든 역경에는 그만큼 또는 더 커다란 이익의 씨앗을 담고 있다. 많은 백만장자들을 살펴보면 두 번 넘게 파산을 하고 결국은 거부가 되었으며, 심지어는 아주 다른 분야에서 성공한 사람들도 있다.

그런데 문제가 되는 것은 위기나 고난이 아니라 그것에 어떻게 반응하는가이다. 우리는 자기가 처한 상황을 비관하면서 "우리에게 이럴 수 없다."라고 화내는 데 너무 많은 시간과 에너지를 낭비한다. 대신 우리는 배우고 재구성하고 다시 움직이는데 시간을 써야 하며, 또한 위기라는 잿더미 속에서 불사조를 키우는 창조를 위해 에너지를 써야 한다.

문제나 위기가 닥치면, '이것에서 무엇을 배울 수 있을까? 이것에 대해 우리가 무엇을 할 수 있을까? 이 상황을 어떻게 돌릴 수 있을까? 이 상황이 재발하는 것을 막기 위해 어떤 예방책을 세울 수 있을까?' 등등 긍정적인 질문을 스스로 던지는 것이다.

그리고 문제의 해결책을 바깥에서 찾으려고 힘겹게 버둥대며 얼굴을 찡그리는 대신 조용히 앉아 시간을 갖고 아이디어를 찾는 것이 더 낳다. 즉, 내면의 소리에 귀를 기울이는 것이 중요하다. 그렇다면 주어지는 해답이 옳은 것인지를 어떻게 알 수 있는가?

해답은 아주 명백하고 간단하다. 동시에 행복감과 같이 오는 것이 해답이라고 생각하면 된다. 생각하다 보면 "맞아! 바로 이거야."라는 말이 나오는 것이 있다. 그것이 바로 올바른 해결책이다. 자기의 목표, 계획 및 삶에 대한 결심은 반드시 좋은 느낌이 들어야 한다.

나의 인생도 문제의 연속이었다. 특히 아내의 사업실패와 나의 투자실패 등을 겪으면서 경제적으로 숨 막힐 정도의 문제들을 풀어왔다. 때로는 깊은 산 속으로 도망하고 싶을 때도 있었지만, 문제에 정면으로 도전하면서 성공적으로 풀어왔다.

이제는 인생의 복잡한 문제를 푸는 데 달인이 되어 친구들 문제뿐만 아니라 공적으로도 다른 사람들의 얽히고설킨 문제를 푸는 데 그동안 겪은 노하우를 적용하여 풀어주고 상담해주었다.

우리 직원들이 내가 매우 빠르게 정확한 판단을 내려준다고 하면서 올바른 판단을 하는 능력에 대하여 인정해준다는 말을 할 때마다 그동안 개인적으로 겪었던 문제들을 풀면서 키워진 능력이라고 생각한다.

아무리 힘든 문제가 닥쳐도 자신감을 잃지 말고 반드시 해결책이 있다고 믿고 생각하자. 해결방안 중심적 사고로 접근하면 복잡한 문제도 쉽게 풀리는 경우가 많다. 학교 다닐 때 수학문제를 잘 풀지 못했다고 걱정할 필요가 없다.

인생의 문제는 더 힘들고 어렵지만 자신감 하나만 있으면 풀 수 있다. 절대로 자신감을 잃지 말고 부딪치는 문제를 한 가지씩 풀어보자.

오히려 학교 수학문제를 잘 풀지 못했던 친구들이 사회의 문제를 잘 푸는 경우가 있는데, 이것은 많은 경험을 하면서 자신감을 쌓아놓았기 때문이다.

수학문제는 공식을 알아야 풀지만, 삶의 문제는 공식보다는 풀수 있다는 자신감이 더 중요하다.

그리고 인생을 살면서 그동안 문제를 해결한 내용을 정리해보는 것도 좋을 것이다. 문제유형별로 해결한 방법 등을 정리해두었다가 앞으로 문제가 닥치면 전에 해결했던 방법을 적용하여 해결하면 더욱 쉽게 문제를 해결할 수 있을 것이다.

물론, 풀지 못하고 실패했던 사례도 정리해두면 문제를 풀면서 그 방법을 피해서 풀어나가기 때문에 많은 도움이 된다. 문제없는 인생은 없다.

누구에게나 문제는 있다. 닥치는 문제를 누가 자신감을 가지고 지혜롭게 잘 푸느냐에 성공과 실패가 결정되는 것이다.

나에게 주는 표창장

제4부

아이디어와
창의적인 사고

아이디어가 재산이다

창의력이 경쟁력이다

지속적으로 자기 일을 혁신시키자

실패 원인을 분석한 후에 다시 일어서자

실패를 사랑하는 모임 약칭 '실사모'를 만들자

아이디어가 재산이다

　내가 처음 공무원에 입문하였을 때는 70년대 새마을운동이 한창 활발하게 진행될 때이다. 그때는 상급기관이나 상급자들이 시키는 것만 하면 일을 잘한다고 하였다.

　그 후 군청과 도청을 거쳐 면장으로 와보니, 면 행정도 창발적인 것이 요구되고 있다. 물론, 일선 행정은 상급기관의 지시를 이행할 사항이 많지만 똑같은 행정을 집행하더라도 더 효율적이고 창의적으로 집행되기를 요구하고 있다.

　그리고 민선 자치시대에 주민의 욕구는 다양하게 표출되고 있으며, 민선 자치단체장들도 지역발전에 대한 아이디어를 내놓기를 강하게 요구하고 있다.

　장곡면장 할 때 내가 제안했던 '사랑의 쌀통' 시책이 성공하였듯이 결성면장으로 부임해서도 무엇인가 발전적이고 창발적인 시책이 없을까 고민하고 있다.

요즘 구상하고 있는 것은 한용운 생가지 주변 야산에 '애국시비공원'을 만드는 것이다. 한용운 선생 시뿐만 아니라, 전국에서 애국애족 시인을 발굴하여 그들의 시비를 건립하면 건립된 시비와 관련된 가족과 문우文友들만 찾아온다고 해도 홍성 결성에 있는 한용운 생가지에 대한 홍보가 크게 될 것이다.

여기에 수백 종의 야생화를 군락으로 심어, 산책길을 함께 조성한다면 학생들 교육장으로도 인기가 좋을 것이다.

물론, 한용운 선생 시비공원에 전국 민족시인의 시비를 추가시키는 것은 시인 구재기 선생님의 아이디어임을 밝혀둔다.

또한, 고급 육 생산을 위한 보리 엔실리지를 담가 먹이는 '유기축산' 시책, 노인들을 위한 '실버학교' 운영, 도로변에 돼지·소고기 판매장과 먹거리 장터를 만드는 '축산물코너' 설치 등 많은 것에 대하여 생각하였다.

'21세기를 사는 우리는 창의적인 사고가 필요하다. 공무원이든, 기업인이든, 개인사업을 하는 사람이든 좀 더 창의적이기를 요구하고 있다. 내가 지금 하고 있는 일을 좀 더 개선할 수 있는 방안은 없을까?'

우리의 삶에 유익을 줄 수 있는 새로운 것은 없을까 하고 계속해서 자문하고 답을 얻으려고 생각한다면 창발적인 것들이 떠오르게 된다.

창조적 능력은 누구나 갖고 있다. 머리를 조금만 더 쓰면 직장에, 사업에, 또는 자신의 생애에 필요한 독창적인 아이디어를 낳을 수 있다. 여기에 필요한 것은 관찰력과 기민성만 있으면 된다.

많은 사람들이 자기는 독창적인 아이디어 따위는 '생각해 낼 수 없다'고 말한다. 이런 사람들에게도 색다른 아이디어가 있다. 다만, 아이디어가 떠오른 순간 그 자리에서 장애물을 던져 아이디어가 자라는 것을 막을 뿐이다.

그 장애물은 무엇인가? 그것은 '잘 될 것 같지 않다'고 느끼는 내심內心의 소리이다.

독창적인 아이디어를 낳으려면 반드시 정신적인 거인이거나 직업적인 아이디어맨이라야만 한다는 법은 없다. 중요한 것은 하는 일에 적극적인 자세를 갖는 것이 중요하다.

경영 컨설턴트이며, 『신지식인이 21세기를 이끈다』라는 책을 쓴 정임식 씨는,

"정보화의 주체는 컴퓨터가 아니라 사람이며, 축적된 지식이 아니라 창조력과 창의성을 겸비한 소프트한 두뇌를 말한다.

21세기의 미래는 바로 소프트한 사람들이 이끌고 갈 지적 능력의 시대이다. 한 국가의 성패 역시 이들의 두뇌에 달려 있다. 신지식인이 되기 위한 한 자세로 독서 노트를 만드는 것이다. 다양한 책을 섭렵해야 하는 것은 물론이려니와, 상상력과 상징성이 풍부한 시집이나 사색적 탐구의 산물인 철학책이 좋다.

여기서 독서습관은 읽는 독서에서 쓰는 독서로 바꿔야 한다. 다름 아닌 '독서 노트'를 만들라는 말이다. 쓰는 독서일 때 책은 생각하게 하는 진정한 재료가 되어준다.

지식 정보화 사회는 기계적인 기능공이 아니라, 직업에 혼을 담아내는 장인을 원하고 있다. 기계와 인간이 하나가 되어 서로 생각하며 일할 때 좋은 상품이 나오고, 경쟁력도 높아지는 것이다."라고 했다.

아무튼, 누구나 지금 하고 있는 것에 대하여 일하는 방식을 개선한다면 좀 더 효율을 높일 수 있을 것이다. 그러면서 좀 더 나아가서 일이나 제품을 합성하거나 분리해보면서 새로운 아이디어를 개발하여 성공하면 큰 부가가치를 올릴 수 있을 것이다.

어떤 창조물도 상상력 없이는 존재할 수 없다. 빌 게이츠는 "재산이란 무한한 상상력이 가져다줄 창조를 의미한다."라고 말했다.

철학자 칼 융은 자신의 지적능력을 사용하는 사람이란 생각하는 사람을 의미한다고 했다. 즉, 지적 능력을 곧 생각의 능력으로 본 것이다. 지금보다 더 나은 또 다른 것을 창조하고 싶다면, 목표를 향해 놓인 현상들을 끊임없이 추적하고 캐내는 탐구의 태도를 가져야 한다.

무슨 일이든지 좀 더 개선할 점이나 좀 더 효율적인 방법은 없을까 하고 생각에 생각을 거듭하면 좋은 아이디어가 떠오른다. 지적능력이란 생각하는 능력이다.

지식 정보화 사회에는 생각하는 능력, 다시 말하면 아이디어를 생산하는 능력이 매우 중요하다. 자신이 원하는 것을 향해 끊임없이 생각하자. 어디든 좋다.

산책코스나 화장실이나 목욕탕 안에서나 어디든지 자기만의 공간을 확보하여 생각을 짜내보자. 지금 하고 있는 일을 보다 창발적으로 할 수 있는 방법 등에 대하여, 그리고 새로운 일의 구상에 대하여 아이디어를 짜내 보자.

창의력이 경쟁력이다

　우리가 하는 일의 많은 양을 컴퓨터가 감당하고 있다. 반복적이거나 계산을 하거나 더욱 복잡한 일까지도 컴퓨터가 감당하고 있다. 그렇다면 우리 인간이 해야 할 일은 어떤 분야인가? 나는 생각하는 것이라고 강조하고 싶다.

　무슨 일을 할 때 더 좋은 방법이 무엇일까? 어떻게 하면 더 좋은 성과품이 나올 수 있을까? 고민하고 생각하여 새로운 방법을 찾아내는 것이 중요하다고 본다. 창의적인 사고만이 경쟁력이 될 수 있다. 창의력이 있는 사람은 주변의 상황을 새롭게 만든다.

　그런데 창의적 상상력은 빈둥빈둥 노는 사람보다 열심히 일할 때 움직이는 것이다. 예를 들면, 인간의 의식은 강렬한 욕망이라는 감정에 자극받을 때 풍요한 삶을 영위하게 된다. 또 창조적인 사람은 주어진 환경에서 어떻게 멋있게 살아낼 수 있는가를 항상 생각한다.

창조적인 사람은 주변의 상황을 새롭게 변화시키고 지금 하고 있는 하잘 것 없는 일에서도 의미를 찾아낸다. 이런 이들은 여러 개의 선택권이 있음을 알고 마음에 드는 방법을 모색한다.

성공이란 열심히 일하기만 하면 얻을 수 있는 것은 아니다. 좀 더 창조적인 방법으로 접근할 때 얻는 것이다. 아이디어란 창의력에 의한 행동에의 강한 충동이다. 유능한 판매원은 전혀 불가능한 곳에서도 상품을 팔 수 있는 방법을 알고 있다.

그러나 평범한 판매원은 이 사실을 모른다. 내가 알고 있는 사람 중에 자동차 판매왕이 된 선배가 있다. 그 선배가 처음 입사하여 다른 사람들이 하는 대로 따라서 했는데 6개월 동안 한 대도 팔지 못했다고 했다.

그래서 자기방식을 개발하여 많은 사람들을 만나면서 동쪽에서 얻은 정보를 서쪽에 살면서 그런 정보를 필요로 하는 사람들에게 전해주는 역할을 하였다. 자동차 얘기보다는 고객이 간절히 필요로 하는 정보를 수집하여 전달해주는 역할에 비중을 두었다. 그렇게 하다 보니 많은 사람에게 필요한 사람이 되었으며 자연스럽게 자동차는 팔려 나갔다고 했다.

한 출판사의 발행인은 독자들이 책의 내용을 보고 사는 것이 아니라 제목을 보고 산다는 것을 알았다. 아무도 거들떠보지 않던 책을 그 제목만 바꿈으로써 그는 백만 부 이상을 팔았다.

이것은 매우 간단한 것처럼 보이지만 바로 이것이 아이디어이며, 창의력인 것이다. 아이디어를 개발하자. 그리고 그 힘을 사용하여 모든 장애를 물리치자. 아이디어는 무형의 재산이다. 창의적 상상력은 쓰면 쓸수록 더욱 활발히 작용한다.

비즈니스맨, 사업가, 금융인, 예술가, 음악가, 시인, 작가 등 일류급 인물이 된 사람은 누구나 이 창의적 상상력의 재능을 계발해 나갔기 때문에 대성했다.

부자가 되고자 하는 욕망을 금전으로 변화, 증가시킬 수 있는 것도 바로 창의력이다. 1957년, 일본 도요타 자동차가 미국에서 판매를 시작할 때의 일이다.

미국에 상륙하는 데는 성공했지만, 판매 실적은 엉망이었다. 그래서 생각해낸 것이 동물원의 구관조九官鳥를 이용하는 작전이었다. 한밤중 구경꾼이 없는 시간을 틈타 도요타의 사원이 살짝 구관조 울타리에 들어가서 몇 개월에 걸쳐 노력한 결과, 새들로 하여금 도요타라는 이름을 지껄이게 하는 데 성공한 것이다. 사람들은 놀랐고 매스컴은 떠들썩했다.

'도요타'가 화제의 중심이 되고, 이 기발한 작전이 성공을 거두었다고 한다. 똑같은 일을 다른 사람과 똑같이 하고만 있어서는 진보도, 성공도 기대할 수 없다.

타인과 다른 일, 자기의 직장에 이익을 가져오는 창조적인 일을 하지 않는 한 성공이란 보랏빛 인생을 기대할 수 없다. 창의가 있어야 비로소 성공을 맛볼 수 있다. 그렇다면 어떻게 해야 그러한 창의력을 가질 수 있을 것인가? 아이디어를 생각해 내기 위해서는 심혈을 기울여 그것에 몰두하는 정열이 있어야 한다.

그리고 모든 일이나 사물을 다른 각도에서 보는 훈련이 필요하다. 뒤집어도 보고 옆이나 위에서도 바라보면서 좀 더 좋은 방안을 찾아내는 것이다.

또한, 물건을 분리도 해보고 합쳐 보기도 하면서 더 좋은 기능을 만들어보는 것이다. '안 되면 되게 하라'는 말은 무조건 밀어붙이던 시대에 통용된 말인데, 나는 이 말을 '안 되면 되는 방법을 찾아라'라고 바꿔서 말하면 현대에 맞는 말이라고 생각한다.

자원이 빈약한 우리나라는 특히 아이디어가 재산이다. 나의 고향 청양은 더욱 산업자원이 부족하고 사회기반시설도 열악한 편이다. 살길은 톡톡 튀는 아이디어뿐이다.

같은 1차 산업을 하더라도 유기농 등 독특한 기법으로 생산하고, 인터넷을 활용하여 독특한 방법으로 판매하는 등 아이디어를 내서 접근한다면 아무리 열악한 여건에서도 성공할 수 있다. 가장 한국적인 것이 가장 국제적이고, 가장 지역적인 것이 경쟁력이 있다.

예를 들어, 내 고향 청양은 구기자와 청양고추가 명품인 데 비하여 서울 등 전국적으로 홍보가 덜 되었다.

이것을 재미있게 홍보하는 방법의 예를 들어볼까 한다. 한쪽에는 구기자를 그리고, 화살표 옆에 청양고추를 '남근' 비슷하게 그려서 청양군수가 '청양군수 ○○○'리란 어깨띠를 두르고 서울 세종로나 강남 등지에서 1인 시위를 하면 어떨까? 일반인이 하면 돌았다고 하겠지만, 공인인 청양군수가 그렇게 한다면 언론기자들이 인터뷰 요청을 할 것이다.

이 그림이 무슨 뜻이냐고? 그러면 '청정지역 구기자를 먹으면 거시기가 청양고추처럼 단단하게 된다'는 뜻의 그림이라고 설명한다면 언론에 화제가 될 것이고 자연스럽게 청양은 홍보될 것이며, 청양군수는 열정 있는 군정을 하고 있다고 인기가 올라가면서 전국적인 인물이 될 것이다.

이 아이디어를 실행하려면 여러 가지를 검토해야 하겠지만, 예를 들면 산업자원이 열악한 청양을 홍보하는 데는 이런 방법도 있으며, 아이디어의 중요성을 강조하고자 하는 것이다. 독창적으로 생각하자. 지금 있는 그 자리에서 좀 더 창조적으로 생각하여 하고 있는 일에 대하여 아이디어를 내보자.

지속적으로 자기 일을 혁신시키자

　요즘 우리 사회의 화두는 혁신이다. 혁신은 일하는 방식을 개선하는 것이다. 다른 사람들과 다른 결과를 만들어내는 차이는 결국 같은 상황에서 다른 사람들과 무엇을 다르게 하느냐에 달려 있다.

　다른 행동이 다른 결과를 낳는다. 그런데 이런 혁신이 성공하려면 지속적인 행동을 취해야 한다는 것이다. 우리의 인생을 이루어내는 것은 어쩌다 한번 하고 마는 행동이 아니라 꾸준히 계속하는 행동의 결과이다. 우리의 인생에서 일어나는 모든 발전은 혁신에서 비롯된다.

　지금 하고 있는 혁신이 우리의 미래를 결정한다. 그런데 혁신을 하려면 결단의 힘이 있어야 한다. 결단의 힘은 모든 변명을 버리고 우리 인생의 어떤 면이라도 단번에 바꿀 수 있는 능력을 제공한다. 그것은 인간관계, 근무환경, 신체적 건강, 수입, 감정적인 상태 등을 바꿀 수 있다. 그것은 한 개인, 가정, 지역사회, 세계 속에 변화를 만들어내는 원천이다.

지속적인 행복을 보장하는 중요한 결단은 어떤 상황에 부닥치더라도 그 상황을 유익한 쪽으로 활용하기로 결정하는 것이다. 만일 어떤 행동이나 감정을 극심한 고통과 연결시키면 어떤 방법을 써서라도 그것에 빠지는 것을 피하려 할 것이다.

몸을 멋지게 만들기 위해 강한 신체훈련을 하는 사람들은 격렬한 신체훈련의 고통을 큰 희열과 연결시키는 것을 배운 것이다.

그들은 훈련의 불편을 개인 성장의 만족과 바꾼 것이다. 바로 이것이 그들의 행동이 왜 계속되고, 결과를 낳게 되는가를 알려주는 이유이다. 날씬하고 건강한 사람들은 어떤 음식도 날씬한 느낌보다 좋을 수는 없다고 생각한다.

그들은 가끔 음식을 남긴 그릇을 멀리 물리치는 것을 즐거움과 연결시킨다. 그것은 그들이 자신의 삶을 지배하고 있다는 것을 상징한다. 자신의 삶을 지배하고 싶다면 자신이 마음속에 효과적으로 광고하는 방법을 배워야 한다.

그것은 그만두고 싶은 행동을 아주 강렬한 고통과 연결시켜 더 이상 그런 행동에 대한 생각조차 하기 싫게 만드는 것이다. 그리고 새롭게 하고 싶은 행동을 즐거움과 연결시켜라. 그것을 강한 느낌과 감정을 가지고 여러 번 반복한다면 그런 행동들이 자신 안에 조건화되어 자동적으로 나오게 될 것이다.

우리를 움직이는 것은 고통 그 자체가 아니라 다가올 고통에 대한 두려움이라는 것을 기억하라. 그리고 우리를 움직이는 것은 즐거움 그 자체가 아니라, 특정 행동이 즐거움을 가져올 것이라는 확실한 믿음이다.

가치 있는 것을 이루어 장기적인 기쁨을 얻기 위해서는 단기적인 고통을 이겨내야 한다. 만약 뛰어난 몸매를 가지고 싶다면 단기간의 고통을 이겨내면서 몸을 다듬어야 한다. 여러 번 하다 보면 그것도 즐거움이 된다. 다이어트도 마찬가지이다.

믿음이란 일단 받아들여지기만 하면 우리 신경계에 거부할 수 없는 명령을 내리는 것이다. 그것은 현재와 미래의 모든 가능성을 확장하거나 파괴시킬 수 있는 힘을 가지고 있다.

성공한 자들은 많은 문제와 장애물이 있음에도 불구하고 성취를 이룬 사람들이다. 그들과 중도 포기한 자들의 차이는 문제의 영속성에 대한 관점에 달려 있었다. 성공한 자들은 문제가 영원히 계속된다고 보지 않는다. 반면에, 중도 포기한 자들은 아무리 작은 문제라도 그것이 영원히 지속된다고 믿는다.

모든 개인의 눈부신 발전은 믿음의 변화와 함께 시작된다. 그러면 어떻게 믿음을 바꿀 수 있을까? 가장 효과적인 방법은 우리의 뇌로 하여금 과거 잘못된 믿음을 엄청난 고통으로 느끼게 하는 것이다.

과거의 믿음이 과거에 고통이었을 뿐 아니라 현재에도 그 대가를 치르고 있으며, 그 고통을 미래에까지 가져갈 수도 있다는 것을 가슴으로 느껴야 한다.

그리고 새롭게 힘을 주는 믿음에 큰 기쁨을 연결시켜야 한다. 이것이 변화를 만들기 위해 계속 반복해야 할 가장 기본적인 방법이다. 효과적으로 행동을 바꾸는 방법은 과거의 잘못된 행동을 견딜 수 없을 만큼 즉각적인 고통과 연결시키고, 새로운 행동에 믿기 어려울 정도로 엄청난 즐거움을 연결시키는 것이다.

변화를 이루는 첫 번째 단계는 자신이 원하는 것이 무엇인지를 결정하는 일이다. 자신이 원하는 것이 구체적일수록 원하는 것을 더욱더 빠르고 명확하게 이루게 될 것이다.

대부분 사람이 말하는 변화는 그냥 그렇게 되면 좋겠다는 정도지 무슨 일이 있어도 반드시 변하겠다고 느낄 만큼 절박한 것이 아니라는 데 문제가 있다. 또는 반드시 그렇게 해야 한다고 느끼고 있어도 천천히 하면 되겠지 하고 생각하는 데 문제가 있다.

지금 당장 변할 수 있는 유일한 방법은 그 감정이 너무 강렬해서 안 하고는 못 배기는 긴박감을 만들어내는 것이다. 변화하고 싶다면 그것은 능력의 문제가 아니라 의지의 문제라는 것을 알아야 한다.

모든 분야에서 혁신이 요구되는 사회에서 살고 있다. 무엇보다도 필요한 것은 자기 혁신이라고 생각한다. 작은 부분부터 혁신해 나가자. 일회성이 아닌 반복적, 지속적으로.

실패 원인을 분석한 후에 다시 일어서자

나는 지금까지 살아오면서 실패를 많이 했다. 나는 욕심이 많은 놈인가 보다. 다행히 그 욕심이 막연한 탐욕이라기보다는 무엇이든 해보려는 욕심이었다. 이런 욕심 때문에 많은 것에 대하여 도전해보았으며, 그에 따른 실패 경험도 많이 한 것이다.

시골에 살 때에는 부업으로 소를 먹이다가 실패하였는데, 그 원인은 축산에 관한 기술이 없이 접근하여 소나 돼지에 맞는 환경을 만들어 주지 못하여 한여름에 열사병으로 큰 소가 폐사했다.

대전으로 이사 와서는 슈퍼로 돈을 벌어 찜질방이 사업성이 있다고 해서 찜질방을 하면서 빚을 지게 되었는데, 사업특성과 사업 이면에 있는 사항 등을 세밀하게 파악하지 않았으며, 상권 등에 대하여도 제대로 파악하지 않고 시작하여 실패하였다.

또한, 그 빚을 갚아보려고 아파트상가를 샀다가 임대가 나가지 않아서 은행이자와 관리비를 내느라 죽을 고생 하였는데, 아파트 주민들이 대형할인점이나 백화점을 선호한다는 것을 그 후에 알게 되었다.

그 후에도 작고 큰 부업을 하면서 성공보다는 실패경험을 많이 하였다. 또한, 현지 확인 없이 사람만 믿고 땅을 구입해서 돈을 잃었다. 아무튼, 경제적으로 상처투성이 인생이 되었다.

물론 성공한 일도 많다. 젊은 나이에 사무관을 승진하여 면장 업무를 수행하면서 '사랑의 쌀통'의 아이디어로 많은 어려운 사람들을 도와준 일, 공무원 제안모집을 하여 상을 탔던 일, 공무원 교육을 가서 1등을 한 것, 시집과 수필집을 발간하여 많은 사람에게 격려를 해주었던 일 등등 나름대로 성공한 일도 많다.

그러나 여기에서는 실패 경험에서 교훈을 끌어내어 앞으로의 삶을 성공적으로 만들기 위해서 실패한 얘기 위주로 하는 것이다. 가슴이 쓰리고 아프지만, 들어내 놓고 철저한 분석을 해둬야 재발이 안 된다는 것을 알기 때문이다.

그동안 실패를 통하여 배운 사업(투자)의 원칙을 세워두기로 한다. 앞으로 남은 나의 인생뿐만 아니라 나의 아들과 딸, 그리고 이 책을 읽는 사람들에게 교훈을 주면서 이들은 실패율을 줄이고 성공하는 데 도움을 주기 위해서이다.

사업이나 투자의 원칙은 ① 부채로 투자하지 않는다. ② 전문가나 경험 있는 사람들의 의견 청취 등 종합적·다각적으로 신중하게 검토한 후에 투자를 결정한다. ③ 타인만 믿지 말고 본인이 직접 현장을 확인한 후에 결정한다. ④ 직접 혹은 간접경험을 해본 후에 자기에게 맞는 사업 및 투자를 결정한다. ⑤ 주관적인 감정이나 관점보다 객관적인 자료를 확보하여 판단한다. ⑥ 이자 등 금융비용을 포함하여 제 경비를 냉철하게 분석한 후에 모든 경비를 제외하고 순수하게 부가가치를 창출할 수 있다고 판단될 때에 투자 결정한다. ⑦ 주식이든 부동산이든 투자시기와 대상은 가치가 추락하여 대부분 사람들이 관심을 두지 않을 때에 가장 좋은 종목과 지역에 투자하는 등 역발상적으로 해야 한다. 평상시 관련 지식과 투자자금 축적 등 내공을 쌓아 두었다가 시기가 도래했다고 판단되면 과감하게 투자해놓고 때를 기다리면서 본연의 일을 하면서 기다리면 된다. 산토끼 올무를 설치하고 기다리듯이 돈이 오는 길목에서 끈기 있게 기다리면 된다. ⑧절약·절제 없이 투자 이익을 막연하게 계산하고 미래 예상소득을 소비하는 행위 금지 등을 들 수 있다.

아무튼, 종합적으로 고려해 볼 때 자기 자신에게 맞는 사업, 자신에게 맞는 투자를 하는 것이 무엇보다도 중요하다고 생각한다.

나는 지금 불혹을 훨씬 넘어, 실패의 잔재 위에서 일어서면서 진정으로 나의 길이 무엇인지를 찾고 있다. 그리고 나의 모든 상황은 나 자신이 그 원인을 제공했다고 생각한다.

인과율은 양면성을 가지고 있다. 자신의 인생이 빈곤하거나 과체중이거나 인간관계에 문제가 있거나 불만족스러운 일을 하고 있거나 하는 부정적 요소로 차 있다면 그런 상황을 초래한 자신의 행동을 되짚어 원인을 제거할 수 있다. 그러면 그 결과도 제거되는 것이다.

나의 길을 찾기 위해서는 먼저 나의 장점을 발견해야 한다고 생각되어서 스스로 장점이라고 생각되는 것을 열거해보기로 한다.

① 나는 책을 좋아하고 글을 쓰고 정리하는 재주가 있다. ② 나는 다른 사람들을 설득하는 능력이 있고 강연 등에 소질이 있다. ③ 나는 다른 사람을 울리고 웃기며 즐겁게 해주는 능력이 있다. ④ 나는 업무 추진력과 조직 장악력이 있다. ⑤ 나는 혼자 걸으며 사색하기를 좋아하고 무엇인가를 논리적으로 정리하는 능력이 있다. ⑥ 나는 친화력이 강하며, 다른 환경에 적응력이 뛰어나다. ⑦ 나는 그동안 경제적 실패경험을 통하여 실물경제의 흐름을 읽을 수 있는 능력을 배양했다.

나는 이런 실패의 교훈과 장점을 살려 삶의 계획을 세워서 실천하고 있다.

39세 때에 소아마비 증세가 있었는데 병마와 투쟁하면서 자신을 일으켜 역사상 최초로 소아마비를 딛고 대통령이 된 미국 제32대 대통령 루스벨트는 "사람은 자기의 약점을 들여다보고 비관하느니보다는 자기의 장점을 키우기에 힘쓰는 것이 필요하다.

땅속에는 무진장의 금광이 들어 있듯이 사람의 정신 속에도 파면 팔수록 빛나는 재능이 들어 있다. 노력만이 감춰진 재능을 빛낼 수 있다."라고 말했다.

나는 선언한다. '나는 여기에서 포기할 수 없다. 절대로 절망하지 않고 오히려 지금까지의 모든 경험을 살려 다시 도전하겠다'고. 인생에 있어서 40세부터 60세 사이 가장 중요한 시기이다.

이때 부정적인 생각 때문에 능력 있는 사람들이 중년에 침몰하게 되는 경우가 많다. 이제 막 경험학교를 졸업하고 성공이 눈앞에 닥쳤을 때 은퇴하고 싶다는 유혹을 강하게 받는 것이다.

나는 수많은 실패를 경험한 야전 사령관이다. 야전에서 얻은 경험과 나의 장점을 극대화하여 목표를 정하고 앞으로의 삶을 불태워야겠다.

모든 실패나 불리함 속에는 그에 상당하는 유익함이 있다고 생각한다. 유리는 망치로 두드리면 깨진다. 그러나 강철은 더 강해진다.

오늘 하루와 나의 미래는 나 자신에게 달려있다고 생각한다. 가장 나빠 보이는 것에서 가장 좋은 것을 얻을 수 있다.

미국 야구선수 중에 모르드개가 있었는데, 아버지 농장에서 일을 도와주다가 엄지손가락을 작두에 잘렸다. 엄지손가락은 야구투수에게는 아주 중요한 신체 부위이다.

그래서 팀에서 퇴출당하였는데 그는 거기에 굴하지 않고 계속 공 던지는 연습을 하여 동네 야구부에 들어가 투수를 하였는데, 그가 던지는 공을 타자들이 맞추지 못하였다.

엄지손가락이 없어 공이 예측하지 못하는 방향으로 회전하기 때문이었다. 지나가다가 그것을 본 유명감독이 스카우트하여 세계적인 선수가 되었다. 약점을 오히려 강점으로 만든 것이다.

중요한 것은 나에게 무슨 일이 일어났느냐가 문제가 아니라 일어난 일에 대하여 어떻게 생각하느냐가 중요하다고 생각한다. 모든 상황에 대하여 감정적으로 생각하지 않고 이성적으로 생각하며, 부정적으로 생각하지 않고 긍정적으로 생각하면 정상을 회복하여 성공의 고지에 오를 수 있다고 확신한다.

나는 다시 한번 선언한다. 어려움을 극복하여 당당히 일어나서 내 주변 사람들, 아니 보다 많은 사람들에게 더 큰 기쁨과 행복을 주는 큰일을 감당해야겠다고.

실패를 사랑하는 모임 약칭 '실사모'를 만들자

무엇인가 도전하는 사람에게는 실패의 아픔을 겪을 수 있다. 특히, 요즘처럼 급변하면서 미래가 불확실한 사회 환경에서는 누구나 실패할 수 있다. 그런데 우리 사회는 성공한 사람은 영웅으로 만들지만, 실패한 사람들은 지나치게 경시하는 풍조가 있다.

그런데 실패 없이 단번에 성공하면 좋겠지만, 인생에 유익한 계획은 실패의 단계를 거치고 성공하는 경우가 많다. 그리고 다양한 정보의 홍수 속에서 살고 있는 정보화 사회에서는 누구나 쉽게 많은 정보를 접할 수 있기 때문에 정확한 정보 분석을 않고 신규 사업이나 투자결정을 하면서 실패하는 사례가 많다.

'실패는 성공의 어머니'라고 말하지만, 실패는 겪고 싶지 않은 아픔이다. 그래서 대부분 사람들은 이런 아픔을 기억하려 하지 않고 빨리 잊어버리려고 한다. 특히, 실패한 사람들을 지나치게 무시하는 우리 현 사회분위기에서는 더욱 움츠리게 한다.

실패한 경험은 개인이나 국가적으로 소중한 자산이다. 실패한 사례별로 실패한 원인을 분석하고 그에 대한 대응책을 강구하는 것이 성공으로 가는 지름길이기 때문이다.

2001년 일본 동경 대 하타무라 요타로 교수가 『실패학』이란 책을 펴낸 후 일본에서는 실패학이 유행하고 있다고 한다. 하타무라 교수는 실패학의 목적을 "실패를 알고 실패를 극복하고 실패를 통해 더 큰 성공을 창조 하는 것."으로 요약한다.

우리나라에서는 이미 400여 년 전에 이 같은 실패학 정신 아래 쓰인 훌륭한 실패학책이 있다.

이 책은 임진란 때 영의정을 지낸 유성용 선생(1542~1607)이 저술한 『징비록懲毖錄』이다. '징비록'은 유성룡 선생이 임진란의 자초지종을 비교적 상세하게 저술한 책으로 임진란의 쓰라린 실패 경험을 거울삼아 다시는 그러한 수난을 겪지 않도록 후세를 경계한다는 민족적 숙원이 담겨있다.

이 책에서 그는 위정자의 사리사욕 때문에 국사를 그르친 사례, 일본의 국력을 얕잡아보고 안이하게 대처한 점, 국방을 너무 소홀히 한 점, 일본의 조총과 우리의 활에 대한 성능비교, 거북선과 비격진천뢰의 우수성, 장수와 군사들의 흐트러진 정신자세 등에 대해 자세하게 서술하고 있다.

이 책은 국보 제132호로 지정되어 있을 정도로 그 역사적 가치가 크다. 하지만 그 이후 위정자들이 징비록의 실패 교훈을 무시해버린 결과 약 300여 년 후 우리는 또다시 일본에 점령당해 36년간 식민 지배를 받게 된다.

훌륭한 실패학 교과서가 있었음에도 불구하고 이를 통한 실패 학습, 다시 말하면 실패 원인과 결과를 철저히 분석하여 대책을 세워나가는 일을 소홀히 함으로써 동일한 국가적 실패가 반복되었다.

우리 개인도 마찬가지다. 사업 실패, 직장생활 실패, 각종 시험 실패, 결혼 실패, 투자 실패 등 수많은 실패에 직면하고 있다. 또한, 국가나 자치단체에서 새로운 시책을 구상하여 실행하면서 실패하는 사례들이 속출하고 있다. 그런데 실패하는 것보다 더 큰 문제는 실패한 후에 이를 덮어버리거나 쉽게 잊어버리는 것이다. 각종 실패를 딛고 일어나기 위한 최선의 방법은 먼저 실패학 정신으로 무장하는 것이다.

주식투자 실패로 7억을 빚지고 갚아낸 김동조 강사가 쓴『실패학 정신이 성공을 부른다』란 책에서 그가 주장하는 '실패학 5대

정신'을 요약해본다

① 누구나 실패한다. 실패했다고 좌절할 필요가 없다. 누구나 실패하기 때문이다. 한 번도 실패하지 않는 사람은 아무 일도 하지 않은 사람뿐이다. 중요한 것은 실패를 어떻게 극복하느냐이다.

② 실패 없이 성공 없다. 무엇이든 도전해야 성공할 수 있다. 그런데 도전에는 실패도 함께 따른다. 실패가 두려워 도전하지 않는다면 결코 성공을 쟁취할 수 없다.

③ 실패는 자산이다. 실패는 성공하지 못한 이유를 담고 있는 소중한 자산이다. 성공은 이것을 잘 분석하여 어떻게 대처하느냐에 달려 있다. 성공하기 위한 최상의 방법은 실패학습이다.

④ 실패는 끝이 아니고, 성공으로 가는 과정이다. 실패했다고 의기소침할 필요도 없으며, 더구나 포기해서는 절대 안 된다. 길을 가다가 넘어지면 일어나서 다시 가듯 실패했을 때도 훌훌 털고 다시 도전하면 그만이다.

⑤ 실패를 망각하면 반복된다. 실패에는 반드시 원인이 있다. 실패를 감추거나 잊어버리면 그 원인이 방치되기 때문에 다음에 똑같은 실패가 되풀이된다. 실패는 망각의 대상이 아닌 성공에 필수적인 학습대상이다. 실패를 잘 활용하지 못하는 사람은 실패를 부정적으로 받아들여 지나치게 자책하거나 책임을 회피하는 등

상황을 더욱 나쁘게 만든다.

사람들은 실패가 앞으로의 인생에 커다란 도움이 된다는 사실을 잊고 산다. 하지만 인생을 풍요롭게 만드는 것은 살아오면서 경험한 실패의 교훈들이다. 실패는 활용가치가 높은 자산이 될 수 있다.

어떤 경우라도 실패를 적극적으로 받아들일 줄 아는 사람은 자신이 원하는 것을 손에 넣을 준비가 되어 있는 사람이다.

실패했다는 사실에 너무 초조하지 말아야 한다. 실패를 통해 얻은 깨달음을 인생의 자산으로 삼는다면 살아가는 동안 자산을 하나하나 축적해 나갈 수 있다.

나도 개인적으로 아내의 부업이나 투자결정을 하면서 기억하기 싫은 실패 경험들을 가지고 있다. 쓰라린 실패의 상처가 아물기도 전에 또 실패하여 고통을 받기도 하였다.

그러나 나는 실패학에 대하여 깊이 생각한 후에 지금까지 살아오면서 실패한 모든 것에 대하여 종이에 드러내 놓고 분석해보았다. 아픈 기억들을 다시 떠올리기가 싫었지만, 더 이상 실패하지 않고 성공하기 위해서 철저히 분석한 후에 새로운 계획을 세워놓고 성공을 향하여 하루하루 도전하고 있다.

그리고 나는 믿는다. 지금까지의 실패경험이 자산이 되어 실패한 번 해보지 못한 친구들보다 수백 배, 아니 수천 배 더 큰 성공을 반드시 이룰 수 있다는 것을.

그리고 나는 제안하고 싶다. 실패를 사랑하는 모임을 만들자고. '실사모'를 만들어 각자 다양한 직종에서 실패한 사례를 발표하고, 그 원인을 서로 객관적으로 분석하면서 다시 일어설 수 있는 용기와 격려를 해 주자는 얘기다.

이것은 개인뿐만 아니라 기업이나 정부 및 지방자치단체에도 필요한 모임이라고 생각한다.

우리는 살아가면서 얻은 소중한 자산인 실패 경험, 다시 말하면 성공으로 갈 수 있는 노하우들을 방치하는 경우가 너무 많은 것 같다.

또한, 다른 사람의 실패사례를 분석하여 활용하면 성공할 수 있음에도, 거들떠보지 않고 추진하다가 같은 사례에서 실패하는 경우가 많다.

이러한 것을 보완하여 실패를 줄여나가기 위해서 모임을 만들어 서로 실패학을 연구하고 서로 감싸주면서 나도 성공, 너도 성공하는 '승승전략'을 만들어 가자는 것이다.

지금같이 어려운 시대에는 더욱 '실사모'가 필요할 것이다. 서로의 상처를 보듬어주고 용기를 주는 모임 말이다.

제5부

모든 것은
인간관계에서 풀린다

도움이 필요합니다

장점을 칭찬하고 성공을 축하해주자

내가 나눠 줄 수 있는 것은

주변 사람들을 행복하게

도움이 필요합니다

　나는 사회적으로 크게 성공하였다고 생각하지는 않는다. 그러나 나는 주어진 환경 속에서 모든 것을 극복하면서 나 자신의 내면생활에 충실하려고 부단히 노력했으며, 나의 가까운 친척 중에 군 서기 하나 없는 가정에서 태어나 대학도 못 나온 촌놈이 칠갑산 골짝에 있는 면사무소로부터 충청남도청의 중핵부서를 거쳐 젊은 나이에 면장 직책을 성공적으로 마치고, 도청 주요 부서 과장이 되기까지는 많은 분들의 도움을 받으면서 성장하였다.

　그런데 중요한 것은 그러한 인간관계가 이미 맺어진 관계가 아니라, 내가 스스로 발로 뛰어다니면서 도움을 요청하였다는 사실이다. 물론, 엄청나게 정치적으로 행동했다는 얘기가 아니라 평상시 소임을 충실히 하면서 내가 도움이 필요할 때는 솔직하게, 또 자연스럽게 사무실에 찾아가서 도움을 요청했다.

꼭 개인 신상에 관한 얘기 말고도 살아가면서 상담이 필요할 때도 있고 자기 업무에 관한 일도 있으며 우리 인간들은 도움이 필요한 존재들임을 나는 알고 있다.

우리나라 속담에 "우는 아기 젖 한 번 더 준다."라는 말이 있다. 아기에게 젖 먹이는 시간을 엄마가 알고 있겠지만, 빨래 등 바쁜 시간에는 10분이고 20분이고 지나치는 것이 보통이다.

그러나 아기가 막 울어대면 엄마는 하던 일을 멈추고 아이 젖을 먹이기 위하여 방으로 들어오는 것이다. 사회생활도 마찬가지다. 바쁘지 않은 사람은 없다. 특히, 자신이 도움이나 협조를 받아내야 할 만한 위치의 사람들은 모두 자기 일에 바쁜 사람들이다.

왜냐하면, 한가한 사람들은 남에게 도움을 줄 수 없기 때문이다. 그러한 사람들에게 무엇 하나 협조나 도움을 받아내기란 그리 용이한 일이 아니다.

그렇기 때문에 직장에서 상사에게 협조나 도움을 받기를 주저하는 것이 보통이다. 그러나 돈이 많거나 지위가 높은 사람들은 자기가 남에게 도움을 주는 입장이 되기를 바라고 있다는 것이다. 받기만 좋아하는 사람보다 남에게 베푸는 자들이 잘 되기 때문에 성공한 사람들은 대부분 남에게 도움을 주기를 좋아한다.

세상에는 도움을 청하는 자에겐 주려고 대기하고 있는 사람들이 무수히 많다고 한다.

자기의 애로사항을 혼자서 해결하려고 주변 사람에게 담을 치고 있다면 아무도 그 속사정을 알아주지 않는다. 분명하고 똑똑하게 자기가 도움받아야 할 일을 요청해야 한다.

우리는 상사에게 협조나 결재를 받으러 가거나 고객에게 상품을 팔 때 느끼는 것이 '왜 그렇게 까다로우냐'는 것이다. 결재나 협조를 받고 나오면서 그 상사나 고객의 고집스러운 행동을 비난하는 경우도 보게 된다.

그러나 상사나 고객과의 관계는 사회 어느 곳에 가도 있게 마련이고, 모든 상사나 고객들은 모든 일이나 물건에 대하여 꼼꼼하게 지적하는 것이다.

독채의 절간으로 가서 수도승이 되지 않는 이상은 항상 상하 동료, 고객 등의 인간관계가 있는 것이다. 그래서 협조나 결재 등을 받을 때에는 항상 이 일을 추진할 경우 상대(상사, 고객 등)에게 유익한 점이 무엇이라는 것을 구체적으로 제시하면서 설득시켜야 한다.

다시 말하면, '이렇게 처리하므로 승승전략이 되는 일이라는 것'을 설명해야 한다. 물론, 공무원일 경우에는 법과 공익의 토대 위에서 간단명료하게 설명해야 한다. 그리고 설명할 때는 언제나 옆쪽에 어깨를 가지런히 대고 예의 바르게 조용한 음성으로 대화해야 한다. 정면에서 얘기하면 도전적인 자세이기 때문에 무의식적으로 상대방은 방어적인 자세를 취하기 때문이다.

그리고 대화의 문을 열 때 먼저 상대방의 관심사를 화제로 삼는 것이 필요하다.

누구든지 자기가 관심 있는 사항에 관하여 이야기해주면 반가워하게 된다.

루스벨트 대통령은 방문하는 사람들에 대하여 사전에 그들의 관심 있는 사항이 무엇인지를 파악한 후에 그 분야에 대한 상식을 연구해 두었다가 상대방의 관심 분야에 대하여 먼저 대화를 열어나갔다고 한다. 또한, 상대를 설득할 때 중요한 것은 상대방이 동의하도록 유도하는 것이다.

상대방이 처음부터 "그렇군요."라고 말해야지 "아니요."라는 말을 하고 나면 자존심을 고수하려고 하기 때문에, 설령 자기 말이 현명치 못했다는 생각이 들어도 솔직하게 시인하고 "그래요." 하고 말하는 경우는 드물다.

소크라테스의 대화 설득법도 듣는 사람들로 하여금 "네. 맞습니다."라는 반응을 유도해내는 데 바탕을 두었다고 한다. 그래서 소크라테스는 자기와 의견을 달리하는 사람들이 동의하지 않을 수 없는 질문들을 하면서 한 가지씩 차근차근 상대방의 동의를 구해 나갔다고 한다.

나도 본래 소극적이고 내성적인 촌놈이다. 그러나 책을 통하여 대화의 기법과 설득의 방법을 익혀서 생활하고 있다.

상대의 마음을 사로잡는 비결은 바로 그 사람이 관심 있는 문제에 관하여 이야기하는 것이다. 이렇게 상대방을 설득시키는 방법을 터득하여 자기 일상생활에 적용하면, 자기의 모든 업무를 성공적으로 수행해 나가는 데 큰 도움이 될 것이다.

현대는 모든 일이 자기 혼자의 힘으로 안 되고 많은 사람들의 도움을 받아야만 일이 성취되는 것이다.

사람의 성공이나 행복은 주변에서 만들어진다는 것을 잊지 말자. 알프레드 아들러는 "동료에게 관심이 없는 사람은 자신은 물론 다른 사람에게도 해를 끼치는 사람이다. 인간의 모든 실패가 바로 이런 유형의 인간에서 비롯된다."라고 하였다.

인간은 혼자는 살 수 없다. 서로 도움을 주고 도움을 받지 않고는 살아갈 수 없다.

도움을 받는 것을 부끄럽거나 자존심 상하는 일이라고 생각한다면 과감히 사고를 전환해야 할 것이다.

필요하면 도움을 요청하고, 또한 내가 가지고 있는 것으로 도움이 필요한 사람들에게 도움을 주면서 살아가자.

장점을 칭찬하고 성공을 축하해주자

우리나라 속담에 "사촌이 땅을 사면 배 아파한다."라는 얘기가 있다. 이 말을 보면 역사적으로 우리나라 사람들은 다른 사람들의 성공을 축하해주는 데 인색하였던 것 같다. 물론, 사촌이 땅을 사는 것보다 내가 직접 땅을 사는 것이 훨씬 좋은 것이 사실이다. 그런데 다른 사람의 성공을 진심으로 축하해주는 것을 배울 필요가 있다.

왜냐하면, 다른 사람의 성공을 축하해주는 긍정적인 마음이 나의 성공에 기여하기 때문이다. 그리고 다른 사람의 실패가 곧 자신의 행운으로 이어지는 것은 아니다. 다른 사람이 한 발짝 뒤로 물러난다고 해서 자신이 실제로 한 걸음 나아가게 되는 것도 아니다.

그것을 통해서 얻을 수 있는 이익이란 한순간의 안도감 외에 아무엇도 없다. 중요한 것은 스스로가 내딛는 한 걸음이다.

다른 사람의 실패나 약점을 즐기기보다는 상대의 장점을 인정하고 칭찬을 해주자. 우리는 상대방의 결점에 대해서는 지나치게 민감하면서 장점에 대해서는 쉽게 인정하려 들지 않는 습성이 있다.

상대방의 장점이 발견되면 아낌없이 칭찬하고 인정해 주자. 그러면 상대방은 당신의 마음씨에 매력을 느낄 것이며, 당신과의 관계는 친근한 관계로 발전할 것이다.

사람들이 사귀고 집단을 만드는 경우도 서로 비슷한 사람들을 좋아하고, 이해·관심·가치관·믿음·이상 등이 비슷하여 서로의 장점을 인정해 주고 인정받는 경우가 많다. 그것은 서로의 장점을 인정해주고 서로 상호작용을 하면 할수록 가치 태도나 이해 관심을 더욱 가지게 되고 서로 좋아하게 되는 경향이 있기 때문이다.

다른 사람들의 단점까지도 좋은 말로 바꿔서 하는 방법이 있다. 예를 들면, 성격이 급하고 단순한 다혈질의 사람을 만나면 "화끈하고 솔직하십니다."라거나, 수다쟁이를 만나도 "박학다식하시군요."라고 말하는 것이다. 설령 상대방은 자신이 그것이 단점이라고 생각하고 있어도 기분이 좋은 게 인간의 본성이다.

상대방의 장점을 인정하라. 그러면 상대방도 당신의 장점을 인정할 것이다. 그러한 상호작용의 과정에서 당신과 상대방은 친밀

한 관계와 협동이 일어나 상호 일치감이 형성될 것이다. 그리고 사람과의 대화가 더욱 즐거워지고 그것이 활력이 되어 상대방으로부터 적극적인 수용을 얻어낼 수 있을 것이다.

미국의 유명한 실업가 존 워너 메이커는 "30년 전에 나는 사람을 몹시 꾸짖는 것은 가장 어리석은 일이라고 깨달았다. 자기일 조차도 자기의 생각대로 되지 않는다. 신이 만인에게 평등한 지능을 주지 않았다는 사실에 이의를 달 수 없다."고 말했다.

남의 잘못을 들추어내는 것은 아무 쓸모 없는 일이다. 상대는 곧 방어태세를 펴고 어떻게든 자기를 정당화하려고 할 것이다. 게다가 자존심을 상한 상대는 결국 반항심을 일으키게 되어 참으로 위험한 일이 된다.

링컨은 젊었을 때 남의 흠을 들추어내고 남을 비웃는 시나 편지를 써서 위험한 지경까지 이르게 된 적이 있다.

그 비난의 대상이 된 제임스 실즈라고 하는 멋 잘 부리고 시비 잘하는 아일랜드 태생의 정치가가 링컨에게 결투를 신청해 왔다. 자존심이 남달리 강하고 감정을 억제하지 못하는 실즈는 생사 결단을 내려고 도전해 왔다. 결국, 결투가 시작될 무렵 중재 되어 직전에 보류되었지만, 링컨도 이 사건으로 당황하였을 것이다.

이후부터 링컨은 사람을 다루는 방법에 대하여 다시없는 좋은 교훈을 얻게 되었다고 한다. 두 번 다시 사람을 업신여기고 조롱하는 편지를 쓰거나 조소하는 일을 하지 않았고 어떠한 일이 있어도 남을 비난하는 일은 하지 않았다. 그래서 그는 모든 사람의 마음을 사로잡는 비결을 터득하였던 것이다.

젊은 시절 대인관계가 아주 서툴기로 이름났던 벤저민 프랭클린은 후에 비상하게 외교적인 기술을 몸에 익혀 사람 다루기에 능수능란하기로 소문이 났으며 주불 미 대사에 임명되었다. 그의 성공비결은 결코 남의 험담을 하지 않고 장점만을 골라 칭찬하는 것이라고 스스로 말하고 있다.

나는 다른 사람들을 비난하는 것보다 칭찬하는 데는 익숙 한편이다. 면장 할 때의 일이다. 직원이 중대한 실수를 하였다. 그 직원은 몸 둘 바를 몰라 했다. 나는 과감하게 용서해 줬다. "누구나 실수는 할 수 있는 것, 그러나 반복하여 실수는 하지 않도록 하라."는 말과 함께 용서해주자, 그 직원은 눈물을 흘리면서 고맙게 생각하였다.

크게 꾸중 들어야 마땅하다고 생각하는 사람에게 오히려 가벼운 주의와 격려를 하여주었더니 그 직원은 더욱 열심히 일을 하였다. 그런데 나는 다른 사람의 성공을 진심으로 축하해주는 데는 익숙하지 못했는데 책을 읽고 글을 쓰면서 고쳐 나가고 있다.

축하받을 만한 친구들에게 전화하거나 이 메일을 보내고 있다. 그러면 어김없이 나의 좋은 일에 대하여 축하 메시지가 왔다.

나뿐만 아니고 우리나라 사람들은 축하의 표현에 약한 것 같다. 오죽하면 사촌이 땅을 사면 배가 아프다는 얘기가 있겠는가? 그러나 이제부터는 사촌이 땅을 사면 배가 아파도 좀 더 너그러운 마음으로 축하해주자.

그러면 그 축하메시지가 열매를 맺어 나를 축하하는 말로 돌아올 것이다. 진심으로 축하해주면 그 축하를 받은 사람은 마음을 열어 나의 성공에 도움을 주는 정보를 준다든지 성공의 노하우를 알려 준다든지 나에게 유익한 관계로 발전될 것이다.

좋은 일이 있는 사람들에게 진심 어린 마음을 담아서 편지 한 장이나 전화 한 통이라도 해 준다면 그 친구는 고맙게 생각할 것이며, 그 친구 역시 나의 성공을 도와주면서 축하해줄 것이다.

그리고 특별한 인간관계로 발전시키고 싶다면 직접 친필로 편지를 써서 정성을 담아 축하해 준다면 더욱 돈독한 인간관계가 형성될 것이다. 물론, 편지쓰기가 귀찮은 일이지만 투자 한만큼 성과가 나타날 것이다. 주변에 축하를 해줄 친구들을 찾아 축하해주자

내가 나눠 줄 수 있는 것은

　홍성군 결성면장 시절 얘기다. 홍성읍 내에 갔다 오는 길에 함께 근무하는 직원 어머니께서 도로변에 서 있어서 내가 태워 주었다. 그분께서는 밭에서 일하다 말고 나온 옷차림이라 지저분하니, 안 타신다고 사양辭讓하는데, 나는 괜찮다고 하면서 태워 주었다. 따님이 착실하게 근무하고 있다는 말과 함께.

　그 후, 한 달은 지났을 것이다. 그 직원이 어머니께서 주셨다면서 홍시紅柿를 가져왔다. "면장님 노부모님께 갖다 드려라."라고 하셨다면서. 물론, 그때 자동차를 태워 주었기 때문만은 아니겠지만, 나는 직원 어머니를 그때 처음 뵈었다. 옆에 탄 총무계장이 말을 해서 내가 자동차를 멈추고 태워줬으니 그 사건으로 알게 된 것이다. 이런 것이 농심農心이다. 이런 순수한 농민들을 생각하면 면장인 나로서 마음을 새롭게 다잡지 않으면 안 된다.

나는 홍시를 받아가면서 매우 고마운 마음에 가슴이 뜨거웠다. 그렇다면 '나는 살아가면서 주변 사람들에게 무엇을 주고 있는가? 주기는커녕 피해는 입히지 않았는가?'라고 자문하면서 무엇인가를 매일매일 나눠주면서 살아야겠다고 다짐해본다.

이렇게 평범한 이웃에게도 나눠줌이 필요하지만, 나보다 못하고 힘들게 살아가는 사람들에게 나눠줌은 더욱 보람 있는 일일 것이다. 또한, 나눠주는 것은 물질적인 것도 있지만, 정신적으로 힘들고 어려워하는 사람들에게 새로운 용기와 삶의 희망을 심어주는 것도 아주 중요한 일이라 생각된다.

나는 살아오면서 깨달은 지혜나 정보 등을 필요한 사람들에게 나눠 줘야겠다고 다짐하면서 컴퓨터 자판기를 두드리고 있다.

면장으로서 사적私的으로 나눠줌도 필요하지만, 공적인 정책을 통해서 나눠주는 것도 바람직할 것이다. 한 예를 든다면, 내가 장곡면장 할 때에 '사랑의 쌀통'의 아이디어를 내서 군 전체로 확산시킨 결과, 많은 양의 쌀을 모아서 어려운 이웃에게 나눠주었다. 작은 아이디어 하나가 이렇게 큰 힘을 발휘할 수 있었던 것은 공인의 힘이었기 때문일 것이다.

아무튼, '나는 다른 사람들에게 무엇을 줄 수 있는가?'라고 생각하면서 살아가야겠다. '면장으로서 직원들에게, 주민들에게, 글쟁이로서 주변 사람들에게, 독자들에게 용기와 힘을 불어넣어 줄 방법은 무엇일까?'라고 고민하면서 삶을 불태워야겠다.

『세상은 우리가 사랑한 만큼 아름답다』란 책을 쓴 최일도 목사는 청량리 쌍굴다리 아래서 무료 점심을 나눠주면서 참 많은 사람을 만났다고 한다. 최일도 목사는

"굶주린 배를 채워 보겠다고 새벽부터 나와 정오까지 줄을 서는 사람들을 만났다.

또한, 매일 250명이 넘는 거리의 천사들에게 밥을 지어 주려고 찾아오는 봉사자들을 만났다. 그뿐만 아니라 이 사람들을 밥 먹이고 치료해주기 위해 여러 가지 방법으로 후원해 주는 수많은 사람을 만났다.

일 년이 가고, 이년, 삼 년 세월이 흐르면서 나는 이곳에서 단지 음식물만 나누는 것이 아니라, 각양각색의 인생을 만난다는 것을 어렴풋이 깨닫기 시작했다.

저들을 위해 봉사하러 오는 사람들도 다양하다. 이제, 간신히 밥걱정을 면한 사람도 있고, 수억 원의 후원금을 무명으로 내놓는 여사장님도 있다. 비교적 양지쪽에서 살아온 그들의 인생사도 듣고 보면 대부분 파란만장하다. 다만, 그들은 큰 고통이나 위기

를 만났을 때 포기하거나 좌절하지 않고 그 어려움을 극복해 왔다는 점이 다를 뿐이다.

짧고도 유 일회적인 인생길에서 목숨을 목숨답게 사는 길은 무엇일까? 삶의 질을 가장 높여 주는 행복의 길은 무엇일까? 그것은 무엇보다도 지금 이 순간 내가 가진 것을 줄 수 있는 만큼 어려운 이웃과 나누는 일이다.”라고 말했다.

‘나는 지금 여기에서 다른 사람에게 나눠 줄 수 있는 것이 무엇이 있을까?’라고 자문해 본다면 누구든지 나눠 줄 것이 있을 것이다.

물질이 없다면 위트로 다른 사람들에게 웃음을 주면 어떨까? 영국 옥스퍼드 대학 의학연구팀에서 한 번 크게 박장대소하는 것이 건강에 주는 효과를 금액으로 평가하면 5천만 원이라고 발표한 것을 어느 신문에서 본 기억이 있다.

우리나라 사람들은 웃음이 부족하다. 그리고 다른 사람들을 웃기는 능력도 부족하다.

나도 박장대소하면서 크게 웃어 본적이 언제인지 모르겠다. 문명이 발달할수록 웃음이 많아야 옳은데, 농경 사회보다 웃음이 더 없어지는 것 같다. 같은 아파트에 살아도 서로 경계하는 눈치들을 하면서 살고 있으니 서로 웃음을 만들어 내지 못하고, 복잡한 현대 생활 가운데서 스스로 웃을 여유조차 없는 것이 우리의 현실이다.

비록 자신의 생활이 힘들고 어렵다고 해도 기지를 발휘하여 다른 사람들에게 웃음을 줄 수 있다면 자기의 어려운 문제도 쉽게 풀릴 것이다. 아무튼, 자기가 가지고 있는 주특기를 살려서 무엇인가를 다른 사람들에게 주려는 자세는 우리 사회를 살맛 나게 할 것이며, 결국은 자기 자신에게 좋은 성과를 만들어 줄 것이다.

비즈니스로 성공한 사람들 얘기를 들어봐도 자기 문제에만 골몰하는 자는 성공하지 못하고, 오히려 자기 문제보다 다른 사람의 문제를 해결해주는 자들이 성공한다고 한다.

문제를 해결해주는 개념을 다른 말로 표현하면 서비스인데, 좀 더 좋은 서비스를 제공하고 그 대가를 받는 것이 비즈니스이기 때문이다.

우리는 누구든지 혼자의 힘만으로는 살 수 없다. 서로 서비스를 제공하고 서비스를 받아가면서 살아가는 것이다. 누가 가려운 데를 정확하고 신속하게 긁어주느냐가 경쟁력 있는 서비스가 되며, 부가가치를 더 창출할 수 있다.

자기 자신의 문제에만 골몰하지 말고 주변을 돌아보는 여유를 가지고 내가 가지고 있는 것을 나눠주자. 물질도 좋고, 정신적인 지혜도 좋고, 위트로 주변 사람들에게 웃음을 주는 일도 좋을 것이다. 아무튼, 자기가 가지고 있는 것으로 다른 사람들에게 나눠 주면서 살자.

주변 사람들을 행복하게

사람은 주변 환경에 영향을 받을 수밖에 없다. 물론, 부정적인 환경을 긍정적으로 바꾸면서 살아가는 경우도 있지만, 주변 환경은 우리 삶에 지대한 영향을 주게 마련이다. 주변 환경은 물리적인 부분과 인간관계 부분이 있는데, 물리적인 부분보다도 사람들 때문에 행복할 수도 있고, 불행할 수도 있다.

사람 관계는 멀리 있는 형제보다도 매일 부딪치는 이웃이나 직장 동료, 또는 가족, 연인 등의 영향을 더 많이 받는다.

면장으로서 아침에 직원 모임에서 "직장생활은 가정이나 개인의 행복을 추구하는 방편이거나 자신의 자아 성취의 장이 될 때 더욱 활력 있고 기쁜 생활을 할 수 있는 것이니, 우리는 서로를 따뜻한 말 한마디로 격려하고, 상처 주는 말이나 행동은 하지 말자."고 강조하면서 일주일을 행복하게 열자고 당부하였다.

그런데 직원회의를 끝내고 혼자서 생각해보니, 솔직히 나는 가족 등 아주 가까운 사이엔 친절이나 예의에 대하여 소홀하게 여긴 적이 많았다고 생각되었다.

그렇다면, 주변 사람들을 행복하게 하는 데 중요한 것은 무엇일까? 그것은 상처 주는 말, 다시 말하면 화나게 하는 말을 하지 않는 것이 아닐까 생각된다. 화나는 말을 하지 않으려면 먼저, 나 자신의 감정을 잘 다스리는 방법을 터득해야 할 것이다.

직장에서나 가정에서 화나는 일이 어찌 하나도 없겠는가? 그렇지만 우리는 화가 나는 마음이 들 때 이 감정을 평온한 마음으로 다스릴 수만 있다면 화나는 감정이 주변으로 전이되지 않게 될 것이다.

반대로, 화나는 감정을 상대방에게 전이시키면 그 감정이 증폭되어 다시 자신에게 돌아오게 되고 그 부정적인 감정은 더 커져서 또다시 상대방에게 전달되면서 기분이 엉망이 되어 버리고, 하루의 모든 것이 망쳐버린다.

또한, 내가 주변 사람들에게 상처 주는 말이나 행동을 하지 않는 것도 중요하고, 주변 사람들이 나에게 상처 주는 말을 했을 때 나의 마음을 평온하게 지키는 것도 중요하다.

이것은 음악을 듣는다든지, 책을 보면서 사색한다든지, 산책을 한다든지, 찜질방에 가서 땀을 뺀다든지, 아무튼 자기만의 방법을 개발하여야 할 것이다.

우리나라 속담에 "말 한마디가 천 냥 빚을 갚는다."란 말이 있다. 상대방이 불쾌감을 느끼거나 상처를 주는 말은 하지 말아야 한다. 이왕이면 상대방의 기분이 좋아지는 말을 많이 하는 것이 중요하다.

불쾌한 감정을 일으키는 말은 오히려 하지 않고 참는 쪽이 서로를 행복하게 한다.

특히, 부부싸움 등 아주 가까운 사이의 다툼은 언제나 서로의 감정을 자극하는 작은 말부터 시작된다. 말 한마디가 우리를 행복하게도 하고 불행으로 몰고 가기도 한다. 인생을 살면서 웃어넘기는 법을 배워야 한다. 속이 상하는 일, 괴로운 일 등을 만났을 때 웃어넘길 수 있다면 훨씬 더 행복할 것이다.

그리고 나아가서 다른 사람을 웃기는 능력이 필요하다. 유머감각은 금방 폭발할 것 같은 험악한 분위기도 놀라울 만큼 부드럽게 만들어준다. 부부나 연인 사이에 적당히 웃어넘길 줄 아는 능력이 없다면 마치 몹시 덜컹거리는 자동차를 타고 장거리 여행을 하는 것처럼 곤란을 겪게 된다.

모든 인간관계를 방어적이거나 공격적인 태도로 하지 말고 포용하는 마음으로 대하자. 다시 말해 질투나 분노, 실망, 이기심 같은 감정을 버리고 그저 사랑이 담긴 순수한 마음으로만 대한다면, 그런 감정은 상호작용을 일으켜서 대인 관계가 더욱 좋아질 것이다.

어떤 상황이든 우리가 긍정적인 시각을 가지고 바라볼 때, 그것은 우리의 사랑을 성숙하도록 도와주고 올바른 시각을 갖도록 해준다.

긍정적인 관점은 나쁜 상황을 더 나쁘지 않게 하며, 힘든 일로 인해 절망하는 것을 막아준다. 또한, 사소한 일로 신경이 곤두서지 않도록 해준다.

이유를 묻지 마라. 단지 이유를 묻지 않는 것만으로도 사람이 얼마나 명랑하고 허물없이 당신을 대하는지 놀라게 될 것이다. 이유를 따지는 대신 그 사람의 정열을 함께 나누자.

아무것도 묻지 않고 내 결정을 존중하고 배려하는 사람과 함께 있는 것은 정말 즐거운 일이다. 대부분의 사람이 잘못을 지적받았을 때 불쾌한 기분을 느낀다.

그러므로 아주 중요한 문제를 처리해야 할 경우를 제외하고는 상대방의 잘못을 지적하기 전에 우선 자신에게 잘못은 없는지부터 살펴보는 것이 좋다.

그렇게 한다면 사람과 자유롭고 열린 마음으로 감정을 나누게 되고, 관계도 항상 신선하고 활기 넘치는 상태로 유지될 것이다. 분노를 넘어 평화를 찾아라. 어떤 상황에서도 감정은 선택할 수 있다.

사소한 일로 흥분하지 않겠다는 마음가짐이 중요하다. 마음에 들지 않는 일이 생겼을 때 분노를 느끼며 행동하는 것을 당연하게 여긴다. 그러나 좀 더 주의 깊게 살펴보면 당신에게 선택의 여지가 있었음을 알게 된다. 지금까지 하던 것과는 전혀 다르게 행동할 능력과 힘을 우리는 가지고 있다.

만약 당신 스스로 감정을 선택하려는 의지가 없다면 상대방이 완벽하지 못하다는 사실이 드러날 때마다 좌절감을 느끼게 될 것이다.

함께 있는 사람의 행동이 마음에 들지 않거나 완전히 어긋났을 때가 바로 너그러운 마음을 시험할 기회이며, 분노를 극복하고 평화를 선택할 수 있는 기회이기도 하다.

주변 사람들에게 웃음과 행복을 주자. 나는 힘들고 어렵다고 하더라도 오히려 다른 사람들이 행복할 수 있도록 하여 준다면 그 행복의 파장이 자신에게 돌아올 것이다.

나에게 주는 표창장

제6부

행복한 삶을 살려면

웃기지, 웃기지 않나?

우리는 살아가면서 위트와 기지를 발휘해야 할 때가 종종 있다. 그리고 리더의 위치에 있을수록 유머가 있어야 한다고 생각한다.

나는 도청에서 근무하다가 42세의 도내 최연소 면장으로 부임하였다. 취임식을 마치고 부임인사를 하러 다니는데, 민선조합장과 민선 군 의원 나리(?)들이 나이 어린 면장을 발령 냈다고 불만을 표시하고 다른 지역에 가서 술을 먹고 있다고 하였다.

퇴근 시간이 한참이나 지나서 밤이 되어도 두 사람은 귀가하지 않았다. 나는 식당에서 기다리면서 나이 먹은 계장들에게 지역유지인 조합장과 군 의원께 부임 인사를 하기 전에는 퇴근할 수 없으니, 두 분들을 찾으라고 했다. 밤 열 시가 넘어 조합장이 대표로 나타났다. 나는 부임 인사를 한 후에 퇴근하였다(알고 보니 요즘 민선 이후에 그 지역 민선대표자들이 토호세력으로 관선 면장이나 파출소장을 우습게 여기는 경향이 있다고 하였다).

그 이튿날, 파출소장을 찾아가서 내가 민선 대표자들을 혼내줄 테니 당신은 구경만 하라고 하고 나서, 점심시간에 군 의원과 조합장, 파출소장을 식당으로 불렀다.

나는 부임 턱을 한다는 명목으로 점심을 대접하면서, 민선 대표자들에게 제의를 하였다. "두 분께서 면장이 너무 어리다고 불만이셨다는데, 그 평가는 주민으로부터 받기로 합시다.

두 분은 면장이 너무 어려서 면정이 잘 안 된다고 주민들에게 홍보하고 다니고, 나는 두 분에 대하여 나잇살이나 잡수신 분들이 지역발전을 위해서 하는 것이 없다고 선전하고 다닐 테니 해보시겠습니까?

이렇게 한다면 누가 손해입니까? 두 분은 다음 선거에서 주민의 지지를 얻어야 하지만 나는 조금 있다가 도청으로 가면 그뿐이요. 누가 더 손해가 되겠습니까?"라고 묻자 두 사람의 얼굴이 하얗게 질렸다.

나는 바로 이어서 "앞으로 협조해서 잘해보시지요."라고 말하니까 그분들의 얼굴에 화색이 돌았다.

그 후에 마을에 갔는데, 60여 세 먹은 사람이 "면장, 나이가 너무 젊어 귀가 새파란 것 같은데 몇 살이나 되었느냐?"라고 비아냥거리듯 말했다. 나는 그래서 "조합장이 몇 살이요?"라고 물었다. 그는 "조합장이 아마 나보다 한 살 아래니까 60에서 한 살 빠지지."라고 하였다.

"나는 아침저녁으로 조합장과 차 마시고 밥 먹으면서 같이 대등하게 노는 관계이니, 면장 나이를 함부로 물어보는 것이 아니요."라고 농담을 건넸다. 그분은 "어? 어린 면장이 재미있네."라고 하면서 친해졌다.

링컨 대통령이 의회에서 한 야당의원으로부터 이런 비난을 받았다. "당신은 두 얼굴을 가진 이중인격자요." 그러자 링컨은 "만일 나한테 얼굴이 두 개라면 왜 이런 중요한 자리에 하필이면 잘생긴 얼굴을 집에 놔두고 이렇게 못생긴 얼굴을 달고 나왔겠습니까?"라고 하였다.

피터 버거에 의하면 유머를 말하거나 듣는 순간에, 다시 말하면 유쾌한 웃음을 터트리는 순간에 인간의 내면에서는 용기와 기쁨과 일체감 등이 생겨나면서 모든 근심과 걱정을 떨쳐 버릴 수 있다는 것이다.

유머의 능력은 리더에게 더욱 중요하다. 리더의 절망은 단지 개인의 절망이 아니라, 그가 이끄는 조직 전체의 절망으로 이어가기 때문이다.

링컨이 백악관에서 손수 구두를 닦고 있었다. 한 방문객이 그것을 보고 놀란 표정으로 물었다. "아니, 대통령이 자기 구두를 직접 닦는 게 말이 됩니까?" 그러자 링컨이 웃으면서 "그럼, 미국 대통령이 남의 구두를 닦아줘야 합니까?"

웃음은 스트레스를 풀어주는 최고의 수단이다. 현대의학은 웃음이 인간의 신체기능 향상과 질병의 예방 및 치료에 얼마나 큰 효과가 있는지를 다양한 실험을 통해 밝혀내고 있다.

유머를 구사하고 웃음을 나누는 것은 인간의 의식과 행동을 바꾸고, 인간관계를 바꾸고, 인간들이 모인 조직을 바꾼다. 뿐만 아니라 조직과 조직 간의 관계까지 바꾼다.

웃자 그리고 웃겨보자. 힘들고 어려울 때일수록 웃고 웃기자. 코미디언 수준은 아닐지라도 생활 속에서 웃음을 만들면서 살아간다면 우리 사회는 더욱 밝아질 것이다. 우리나라는 정치하는 분들이 너무 엄숙한 것 같다. 엄숙할 곳에서는 엄숙해야 되지만, 아무 곳에서나 엄숙한척하면 사고가 경직되어 기발한 정책이나 아이디어가 나오지 않는다.

정책으로 국민에게 웃음을 주어야 하지만, 가끔은 말로라도 국민을 웃겨서 살맛 나게 한다면 생산력이 향상되어 경제가 한층 더 좋아질 것이다.

클린턴 대통령이 성 추문으로 국민들 스트레스를 풀어줘서 재임 기간에 경제가 좋았다는 웃지 못할 말이 있지 않은가.

경제가 나쁘다고 아우성이다. 정책이 약발을 안 받는다고 한다. 여야가 서로 네 탓이라고 한다. 국회의사당에서 멱살도 잡는 경우가 있다. 개인적인 의견인데, 정치하는 분들이 위트 있는 표현을 써서 국민을 웃기기라도 한다면 국민경제가 낳아지지 않을까 생각한다.

웃으면서 일한다면 생산력을 높여나갈 수 있기 때문이다.

나도 공직자로서 주민의 얼굴에 웃음꽃이 필 수 있도록 해주고 싶다. 그렇게 하려면 업무에 더욱 정진하면서 주민의 삶의 애환 등을 깊이 이해하면서 주민과 호흡을 같이 해야 한다.

웃어야겠다. 그리고 힘들게 일하는 주민들을 웃겨야겠다. 좋은 시책으로 또는 위트 있는 말로.

일하는 것이 행복한 인생의 지름길

주5일 근무제가 정착한 지 오래다. 이틀간 휴식하고 출근한 직원들이 노는 것이 일하는 것보다 더 힘이 든다고 하였다.

그렇다. 무작정 놀기만 하는 것이 매우 힘이 든다는 것은 퇴직한 선배들 얘기를 들어 보면 실감 난다. 일해야 행복한 것이다. 그리고 일이란 행동력이 넘치는 인격을 기르기 위한 가장 좋은 방법이다. 일을 함으로써 자제심, 집중력, 적응성, 강한 끈기 등이 싹트게 되며 단련되게 된다.

그리고 전문기술을 신장시키며 원활하게 일을 처리 할 수 있게 할 뿐 아니라, 일상생활에서 일어나는 갖가지 일들을 그때그때 능숙하게 대처하는 요령도 몸에 익히게 해주는 것이다.

일하지 않고 지내는 것은 사람에게 재난을 미친다. 녹이 쇳덩

이를 고철로 만들어버리듯이, 태만한 사람은 가정과 국가를 벌레 먹게 한다.

게으른 자가 사회적으로 이름을 얻은 예는 없으며, 앞으로도 없을 것이다. 게으른 자는 언덕을 애써 오르려고 노력하지 않으며, 어려움과 맞서려고도 하지 않는다.

사무엘 존슨은 "아무 일도 하지 않는 것은 정신적으로도 육체적으로도 생명을 단축시키는 일이며, 사악함의 온상이며, 모든 재난의 원인이다."라고 말했다. 진정한 행복은 두뇌와 신체의 기능이 유효하게 활용되지 않으면 손에 넣을 수 없다.

건강이나 활력, 즐거움을 잃는 것은 신체를 움직였기 때문이 아니라, 게으름을 피웠기 때문이다.

일을 하면 정신적인 피로나 괴로움이 생겨날지도 모르지만, 게으름을 부리고 있을 때의 정신은 가장 무익하게 에너지를 소비하는 것이다. "가장 위험한 것은 한가로운 시간이다."라고 마샬 홀 의사는 경고하고 있다.

아들 녀석 자랑 좀 해야겠다. 고3인 아들이 공부를 안 해서 걱정했는데, 자기는 분명한 목표가 있다고 하면서 식품유통업계에 진출하여 서비스업으로 성공하겠다고 전문학교 관광식품경영학과에 수시로 합격해놓고, 주유소에서 아르바이트를 한다. 왜 아르바이트를 하느냐고 했더니, 주유소 사장이 서비스하는 솜씨가 좋은 것 같아서 서비스방법을 배워놓으라고 한단다.

나는 아들을 관공서나 친구 사무실 등에서 아르바이트를 하도록 하여 줄까 하다가 서비스를 배운다는 당찬 얘기를 듣고 허락하였다. 그리고 주유소에 찾아가서 혹독하게 훈련을 시키라고 하였다.

공부하는 노력은 하지 않는데 사회생활은 잘할 것 같은 생각이 든다. 그리고 확실한 목표가 있으니 대학이나 대학원 나와서 빈둥대는 것보다는 성공확률이 훨씬 높을 것 같다.

서울대학교 정도는 들어가야 아들 자랑을 할 수 있다고 할지 몰라도 자기의 확실한 목표와 서비스의 실무능력을 일찍 키우고 있는 아들을 자랑하고 싶다. 그리고 확신한다. 반드시 한 분야에서 성공할 것이라고.

인생을 살기 위한 '실무능력'을 습득하라. 뛰어난 대장장이가 되기 위해서는 평생 쇠를 단련시켜야만 한다. 뛰어난 관리자가 되기 위해서는 죽을 때까지 실무를 배워서 실행에 옮겨야만 한다.

스코트는 "아무리 문학적인 재능이 있더라도 실생활이라는 보다 높은 분야에서 실력이 있는 사람, 특히 제1급 지휘관 등과는 비교될 수 없다."라고 말했다. 워싱턴도 지칠 줄 모르고 일하는 실무능력자였다. 그는 어릴 때부터 사물에 열중하는 습관, 공부하는 습관, 그리고 그 일에 질서를 정하는 습관을 몸에 익혀 두려고 노력했다.

세련되고 단련된 실무능력은 정치나 문학, 과학, 혹은 미술 등 모든 방면에 있어 도움이 된다. 걸작이라 꼽히는 대부분의 문학 작품은 체계적으로 자신의 직업을 추구한 사람들에 의해 쓰인다.

근면성과 주의력, 시간의 검약성과 노동 등과 같이 어느 직업에서나 효과적인 요소는 다른 직업에서도 마찬가지로 효과적인 것이다.

풍부한 재능을 가진 작가라 하더라도 매일 진지하게 실무에 종사하는 생활을 하지 않으면, 인간관계나 일상의 사건을 잘 다루어 사람들의 가슴에 감동을 주는 작품을 쓸 수 없다.

가장 이상적인 교양은 사물에 열중하는 것, 근면하게 일하는 습관을 몸에 익히고 정신을 단련시키며, 위급한 상황에 대처하는 힘을 길러 힘차게 활동하는 자유를 낳는 것이다.

실무적인 사람은 쓸데없는 이론만을 캐내려 하지 않고, 분명한 확신에 도달하여 자신의 신념을 행동으로 옮기기 위해 전진하는 것이다.

하루 일을 마친 활동적인 사람은 또다시 다른 일에서 즐거움을 구한다. 과학에, 예술에, 그리고 많은 사람들은 문학에 여가를 사용한다. 이와 같은 레크레이션은 자기중심적인 사고방식과 속되고 경박스러워짐을 막는데 가장 좋은 수단이기도 하다.

일이 끝난 뒤 펜을 쥐고 문장을 쓰면서 여가를 즐긴, 유능한 정치가들이 많다. 그 작품들 중에서 명작으로 손꼽히는 것들도 적지 않다.

시저의 『갈라기 전기』는 지금도 고전으로서 우리 곁에 살아 있다. 걱정거리는 일하는 것보다도 훨씬 더 사람을 소진시켜 버린다.

걱정거리가 있으면 계속 초조하고 흥분상태가 지속되어 결국 몸을 약하게 만든다. 걱정은 극심한 마찰이 생겨 기계의 톱니바퀴를 마모시켜 버리는 모래와 같은 것이다.

주5일 근무제가 되었다고 무조건 놀기만 해서는 안 될 것이다. 매주 여행만 한다면 경제적으로도 감당하지 못할 것이다.

실제로 지난 주말에 이틀 동안 별 계획 없이 보냈는데 지루했다. 주말에는 본연의 업무 이외에 몰입할 수 있는 일을 찾아야겠다.

글을 쓴다든지 운동을 한다든지 계획을 세워 스스로 일을 찾아서 해야겠다. 자기 계발을 위해서 또는 자기가 하고 싶었던 일들을 계발하여 매진해보는 것이 중요하다. 그리고 그 일이 창의적이고 다른 사람들에게 유익할 뿐 아니라 자기 자신에게도 부가가치가 있는 일이라면 더욱 좋을 것이다.

이런 조건이 충족될 때 그 일을 지속적으로 할 수 있을 것이다.

노는 것이 일하는 것보다 힘들고 일을 통해서만 성취감을 맛볼 수 있고 더욱 건강한 삶을 살 수 있기 때문이다. 죽을 때까지 할 수 있는 일을 찾아 하는 것이 행복한 길인 것 같다.

사소한 것에 너무 민감하지 말자

한 주를 보내고 뒷동산, 소나무 아래 오래된 나무의자에 홀로 앉아 지난 한 주를 뒤돌아보았다. 얼굴에 미소를 지은 시간과 짜증이나 불만스런 시간들을 비교해보았다. 얼굴에 미소 짓는 것보다 짜증스럽게 보낸 시간들이 더 많았다.

그런데 이렇게 짜증 냈던 일들이 나의 인생을 좌우할 정도로 중요한 것이 아니라 사소한 일이었다.

내 자동차를 앞지르기한 운전자에 대하여, 약속시간을 조금 지연한 일에 대하여, 내가 서두르지 않으면 될 텐데, 직원들이 업무 처리를 조금 늦게 하는 데 대하여 등등. 정말 사소한 일 때문에 짜증스럽게 생각했으며, 그것으로 인해서 기분을 망쳐 충분히 행복할 수 있는 상황임에도 행복감을 느끼지 못하고 시간을 보냈다.

나는 사소한 것에 너무 자주 짜증을 부린다든지 불쾌하게 생각하여 스스로 기분을 안 좋게 만들어가고 있음을 발견하였다.

지난 세월은 이렇게 보냈다 하더라도 남은 인생은 좀더 행복하게 보내야 할 텐데, 그렇다면 사소한 일 때문에 기분을 망가뜨리는 일이 없어야 할 것 같다.

물론 살다 보면 완벽할 수는 없지만 부족한 부분을 개선하여 나가면 좀 더 행복한 생활이 될 것이다. 우리는 때로는 사소한 것에 모든 것을 거는 때도 있다. 사소한 감정을 잘 처리하지 못하여 큰 사건을 저지르는 경우도 있는 것이다.

이렇게 사소한 일이나 사소한 감정을 잘 처리하는 것은 매우 중요한 일이다. 그 사건이나 감정은 사소하지만, 그것 때문에 인생을 망치는 예도 있기 때문이다.

민원감사 담당 사무관으로 근무할 때 경험한 것인데 민원감사 요청하는 서류를 검토해보면 많은 민원의 동기가 사소한 감정에서 출발하여 서로 민원을 제기하고 고소, 고발까지 하면서 서로의 에너지를 낭비하는 것을 볼 수 있다.

어떤 사람은 사소한 감정 때문에 자기 생업을 포기하면서 상대방을 보복하려고 돌아다니는 경우도 있다. 사소한 것 때문에 자기의 인생 전체를 망치는 경우도 있다.

나는 살아오면서 솔직하게 '행복은 항상 미래에 있을 것이라고' 생각하면서 살았는데, 미래는 항상 불확실할 뿐 행복은 잡히지 않았다. 그래서 나는 언제부턴가 지금 서 있는 이 자리에서 행복을 찾으려고 노력한다.

그렇게 하면서 깨달은 것이 실제로 행복을 잡기에 '지금'보다 더 나은 때는 없다는 것이다. 지금이 어려운 상황이라고 해도 그것을 그대로 받아들이고 어떤 상황에서도 행복해지기로 결심하는 것이 행복한 삶을 사는 방법이다.

그리고 행복해지는 것은 모든 일에 명랑하고 가볍게 접근하는 것이다.

사람들은 무슨 일이든지 너무나 심각하게 대함으로써 삶의 여유를 잃는다. 우리는 삶에 대해 좀 더 태연해질 필요가 있다.

그러기 위해선 지금의 긴장상태가 주로 자기 자신에 의해 만들어진 것이라는 사실을 깨달아야 한다. 무슨 일이든 자신이 원하는 특정한 방식으로 이루어지기를 고집하는 사람은 그렇게 되지 않을 경우 자신을 괴롭히고 화를 낸다.

자신이 바라는 일이 궁극적으로 성공하는 때도 그 과정을 살펴보면 내가 바라는 대로 똑같이 되는 것보다는 뒤틀리고 힘들고 어려운 시기도 겪는 것이 많다. 이럴 때마다 화를 내고 걱정한다면 우리는 행복감을 맛보기 어려울 것이다. 이럴 때일수록 너무 심각하게 생각하지 말고 가벼운 마음으로 접근해보면 일이 쉽게 풀리는 경우가 많다.

미국의 심리치료사이며 『우리는 사소한 것에 목숨을 건다』란 책을 쓴 리처드 칼슨은 행복해지려면 식물을 길러 보라고 하면서 다음과 같이 제안한다.

"식물에 사랑을 쏟고 돌보는 동안은 화나 짜증이 나지도, 서둘지도 않게 될 것이다. 순전히 사랑으로 가득 찬 공간에서 살게 될 것이다. 최소한 하루 한 번만이라도 식물을 돌보고 이런 식의 사랑을 베풀어라.

조만간 식물이 아닌 것들에도 사랑과 친절이 듬뿍 담긴 눈초리를 보내게 될 것이다.

주위 사람들이 자신을 화나게 하거나 달라지지 않아도 사랑을 베풀려고 노력해 보라. 그들을 있는 그대로 사랑하라. 식물은 사랑의 힘이 무엇인지 알려 주는 훌륭한 스승이 될 수 있다."라고 말했다.

그리고 인내력을 갖는 것이다. 인내력이 부족한 사람은 쉽게 화를 내고 모든 일을 귀찮아하고 아무 때나 짜증을 낸다. 하지만 인내력은 우리의 인생에 느긋함과 너그러움을 선물한다. 느긋함과 너그러움, 이것은 마음의 평화를 이룩하는데 필수적인 요소다.

인내력을 갖는다는 것은 설사 마음에 들지 않더라도 현 상황을 버티는 것이다. 모든 상황은 변하게 되어 있다는 것을 인식하고, 감정을 손상시키지 말고 좋은 쪽으로 해결될 것을 바라보는 것이다. 또 한 가지는 글을 쓰는 것이다. 과거에 경험한 일과 현재 상황 등을 담담하게 정리해보면서 그 일에서 얻은 교훈을 정리해보면 한결 마음의 평안을 찾을 수 있을 것이다.

글을 쓰는 습관은 평화와 사랑의 마음을 길러 주고 인생을 변화시키기도 한다. 감사하는 마음으로 정성 들여 써내려 간 글은 마음을 안정시키고 판단을 올바르게 하는 비결이며, 그 글을 읽는 사람들에게도 좋은 영향을 줄 수 있다.

사소한 일 때문에 기분을 망쳐 충분히 행복할 수 있는 상황임에도 행복감을 느끼지 못하고 시간을 보냈다면 남은 인생을 좀 더 행복하게 보내기 위해서라도 사소한 일 때문에 기분을 망가뜨리는 일이 없도록 조심하자. "기분에 살고 기분에 죽는다."란 얘기가 있다.

기분을 관리하는 것이 매우 중요하다. 외부의 상황이 기분 나쁜 상황임에도 자기 기분을 관리하면 더 이상 기분이 나쁘게 되지 않지만, 사소한 것을 참지 못하고 나쁜 기분을 토로하면 더욱 기분이 나빠지고 연속하여 기분 나쁜 일이 일어나는 경우가 많다.

사소한 것에 너무 민감하게 반응하지 말고 자기 기분을 잘 관리하자

무엇이 우리를 행복하게 하는가

우리는 살아가면서 너무 하드적인 부분에서 행복을 찾으려고 한다. 새집을 장만한다든지, 승진을 하거나 결혼식을 올리거나 돈을 많이 벌거나 아무튼 큰 사건에서 행복을 발견하려고 한다.

그런데 일생을 살면서 기뻐해야 할 대형 사건은 그렇게 자주 일어나지 않는다. 나도 새집을 사보기도 하였고, 지어보기도 했으며, 직장생활을 하면서 승진도 해봤지만, 그 기쁨은 그렇게 오래가지 않았다.

나는 요즘 '행복을 자주 느끼려면, 아니 매일매일 행복한 생활을 영위하려면 어떻게 살아야 하는가 하?'라고 스스로 자문을 던지면서 생각하여 보았다.

그러던 중 아침에 출근하면서 '애정당 당수'가 진행하는 SBS 이숙영의 파워 FM을 듣는데, 내가 좋아하는 음악이 흘러나왔다.

나는 참 행복하였다. '바로 이것이다.'라는 생각이 들었다. 매일, 매 순간 행복을 느낄 수 있는 작은 이벤트를 만들어 가면서 살아가는 것이 인생 전체를 행복하게 만드는 것 같다.

내가 몇 년 전에 사랑의 시집을 출간했는데, 라디오 인터뷰하는 과정에서 나는 애정당 당수인 이숙영 씨로부터 애정당 충청지부장으로 임명받았다. 평소에도 이숙영 파워 에프엠을 즐겨들었지만, 그 이후 나는 애청자가 되었으며 방송을 듣는 시간이 행복하다.

산책을 한다거나 음악을 듣거나 책을 보거나 글을 쓴다든지, 현실적인 상황에서 바로 실천할 수 있는 것을 찾아서 행복을 느끼면 승진했을 때와 버금가는 기쁨을 자주 느낄 수 있음을 알게 되었다. 그리고 작은 것에서 행복을 느낄 수 있는 마음을 개발해야 한다.

우리는 흔히 행복을 멀리에서 찾으려고 한다. 멀리 있는 거창하고 그럴싸한 것을 가질 때 행복하다고 생각한다. 그러나 행복은 우리 주위 일상 속에 있음을 잊어서는 안 된다. 우리의 대부분은 노벨상 같은 큰상을 타지 못할 것이며, 극히 작은 수의 엘리트만이 그런 상을 받을 것이다.

그러나 우리는 모두 삶의 작은 기쁨들을 누릴 자격을 가지고 있다. 그 누구든 애정이 담긴 말 한마디에 가슴 설렐 수 있고, 늦가을 단풍 속에 빠져들 수 있으며, 하얀 눈길을 걸으며 삶의 기쁨을 누릴 수 있는 자유를 가지고 있다.

이런 것들은 우리가 삶에서 누릴 수 있는 작은 기쁨들이다. 물론 이것들 외에도 많은 것들이 우리에게 삶의 희열을 느끼게 한다. 우리는 일상에서 찾을 수 있는 작은 기쁨이나 손쉽게 얻을 수 있는 작은 승리를 마음껏 누리며 살아야 한다. 비록 커다란 기쁨이 없을지라도 작은 기쁨이 채워지거든 마음껏 누리는 것을 배워야 한다.

오래전에 써두었던 자작시 한편이 생각나서 옮겨본다.

행복지수

새싹이 트는 소리를 들을 수 있는가
포플러나무가 가지와 잎이 따로따로 춤추는 것을 알고 있는가
낙엽이 지는 슬픔이 보이는가
폭설을 피해 집 옆으로 온 산토끼와 얘기할 수 있는가
새벽 산책길 풀잎에 맺힌 이슬로 마음을 닦아 보았는가
더운 날 한낮에 가슴속까지 시원한 바람의 고마움을 느껴보았나

나뭇가지에 걸려 있는 보름달을 품고 눈물을 흘려 보았는가

해변을 거닐며 조개들이 속삭이는 옛이야기를 들어 보았나

요즘 같은 시대, 이 모든 것을 할 수 있다면 당신의 행복지수는 만점!

그리고 행복하게 살려면 다른 사람들을 행복하게 만들어야 한다. 미국의 혁명전쟁 때 명성을 날렸던 엔더스 소령은 은퇴하고 나서 도서관을 개설했다.

그는 자기 도서관을 배우고자 하는 모든 젊은이에게 무료로 개방하였다. 그 도서관을 매주 토요일마다 찾아오는 젊은이가 있었다.

그는 도서관에서 책을 읽고 공부를 하면서 도서관을 개설한 엔더스 소령에게 고맙게 생각했다.

그 젊은이가 바로 앤드류 카네기로서 그는 생전에 43명의 대 재벌을 배출시켰다. 카네기는 그 후 엔더스의 고마움에 보답하는 뜻으로 미국 전역에 수많은 도서관을 설립했으며, 또 많은 사람들이 그의 덕을 봤다.

여기에서 우리는 중요한 교훈을 배울 수 있다. '주면 줄수록 더 많은 것을 얻을 수 있고, 남을 행복하게 하면 우리는 더 큰 행복을 얻는다'는 것을.

행복은 거창한 일에서 오는 것이 아니라, 아주 작은 일에서 찾

을 수 있다. 우리는 일상생활을 하면서 아주 작은 행복한 사건을
스스로 만들어가는 훈련을 해나가야 할 것이다.

생활리듬에 변화를 주자

우리의 생활은 대부분 반복하는 것이다. 그렇기 때문에 때로는 자기 일이나 생활에 권태감에 빠질 때가 있다. 이러할 때 생활리듬에 변화를 줄 필요가 있다. 반복되는 따분한 생활에 변화를 추구하여 새로운 활력을 얻어서 생활하는 것이 중요한 것이다. 때로는 일상의 궤도에서 벗어나 보자. 틀에 박혀 있는 자신을 깨닫는 것이 그것을 변화시켜 가는 첫걸음이다.

약간 모험을 하더라도 틀에 박힌 태도에서 벗어나 보자. 아무런 예약도 하지 말고 지도도 없이 자유롭게 발길 닿는 대로 휴가를 보내는 것도 좋다.

나는 서울에 갈 기회가 있으면 대학로를 찾는다. 대학로에 가보면 모두가 자유스럽고 여유롭다. 대부분 젊은 학생들이지만, 나 자신 이런 분위기로 몰아 넣어본다. 연극도 보고, 생맥주도 마시면서 아무 걱정거리가 없는 것처럼 젊은 시절로 돌아가 본다.

소극장을 찾아 연극을 보면 영화보다 생동감이 있고, 오래 기억이 된다. 물론 연극을 본다든지, 영화를 보는 일은 나의 비즈니스와는 직접적인 관련이 없으며, 또한 그럴 만큼 정신적 여유도 없지만, 가끔씩 대학로를 찾으면서 삶의 활력을 찾으며 삶에 대한 새로운 각도에서 생각해보는 계기를 만든다.

이렇게 생활리듬을 바꿔보면 실제 삶의 내용을 바꿀 필요가 있을 때 과감하게 바꿀 수 있는 적응력이 커진다. 고등학교 시절에는 44kg의 약골이었으며, 도수가 높은 안경을 걸치고 어깨가 활 모양으로 굽은 학생이 있었다. 그런 육체로 인해서 정신적으로도 열등감을 느끼고 있었음은 두말할 나위도 없다.

누가 보아도 그의 장래는 암담했다. 그는 대학 입학이라는 처음의 목표를 바꾸기로 했다. 그는 건강 회복이 최우선임을 깨닫고 '건강 강좌'에 참석했다. 그리고 하루에 2시간씩 운동을 하면서 건강 회복에 주력했다. 당분간 책은 멀리하기로 했다.

그것이 계기가 되어 미국 최초의 '건강 훈련소'를 개설했다. 그는 자신의 새로운 건강 훈련방법을 사람들에게 보급하기 위해 건강한 몸으로 미국 전역을 돌아다니고 있다고 한다. 그의 이름은 잭

라인이다.

　나는 꾸준히 걷기를 좋아하는데 건강검진을 해보니까 과체중에다가 체지방이 많다고 한다. 원인을 생각해보니 음식조절을 못하는 것이 원인인 것 같다.

　그리고 운동시간도 저녁을 먹은 후에 하는 것이 효과적인데 저녁 먹기 전에 걷고 식사를 많이 하는 것이 원인인 것 같다. 나는 나름대로 건강을 위한 생활리듬을 바꿔야겠다.

　첫째로, 입속으로 들어가는 음식을 철저하게 통제해야겠다. 아무거나 닥치는 대로 먹지 말고 될 수 있으면 저지방 식품, 과일과 채소를 많이, 당분과 소금을 절제하고 물을 많이 먹어야겠다.

　둘째, 저녁 식사 후에 걷기와 자전거 타기 등으로 체중을 7~8 kg 줄여야겠다. 특히, 먹는 음식량을 많이 줄여야 성공할 것이다.

　셋째, 한 달에 한 번 이상 충분한 휴식을 가져야겠다. 혼자만의 시간을 가지면서 산책도 하고 목욕탕에 누워 있기도 하고, 잡지 등을 보면서 쉬어야겠다.

　넷째, 모든 일에 긍정적인 사고를 하고 가볍게 접근해야겠다. 과거의 모든 부정적인 경험으로부터 완전하게 자유로운 생각으로 미래를 밝은 마음으로 열어가야겠다.

　우리는 평생 확실성을 강조하는 소리를 들으며 살아간다. 이것은 먼저 가정에서 시작되어 학교 교육 과정에서 더욱 강화된다. 아이들은 쓸데없는 실험은 피하도록 가르쳐지고, 미지의 것에도 가까이하지 않도록 권유받는다. 올바른 답을 말해라. 자신과 같은 부류의 사람과 교제해라.

이렇게 놀라울 정도로 안전을 권유하는 일에 아직까지 집착하고 있다면, 지금이야말로 그것을 과감히 단절하고 자유로워질 때다.

망설여서는 안 된다. 자신이 미지의 것을 피하고 있다면 이렇게 자문해 보라. "일어날 수 있는 최악의 사태로는 무엇이 있을까?" 그러면 아마 미지의 것에 대한 두려움이 현실의 결과와는 비교할 수 없을 정도로 크다는 사실을 깨닫게 될 것이다.

자신은 결코 새로운 일이나 장래의 알 수 없는 행동을 시도할 수 없다는 생각은 버려라. 하려고 생각하면 충분히 할 수 있는 것이니까.

그러기 위해서는 먼저 새로운 경험에 대하여 무의식중에 무조건 피해 버리는 조건 반사가 익숙해진 자신을 바라보면서 이것을 극복해야 한다.

이제 우리나라도 본격적인 주5일 근무체제로 들어섰다. 일상에서 훌쩍 떠나 색다른 곳으로 여행하거나, 도서관이나 책방에 들러 읽고 싶은 책을 읽는다든지, 친구들 가게에 나가서 아르바이트를 해본다든지, 아무튼 자기 직업과 상관없는 분야를 체험해보자. 그런 체험을 하면서 자신의 고정된 틀에서 벗어나 보자.

나는 우선 외국여행보다는 우리나라 전 지역을 먼저 하고 싶다. 자가용으로 가지 말고 대중교통을 이용해보자. 열차도 타고, 버스도 타면서 가다가 쉬고 싶으면 쉬고, 길을 물어가며 다른 동네 사람들 사는 것도 보면서 여행을 해보자.

우리나라가 작은 나라지만 여행을 하여 보면 새롭게 느끼는 것이 많다. 아니, 자기가 사는 지역에서도 재래시장이라든지, 외딴 산골 마을이든지 찾아보면 색다른 경험을 할 수 있는 곳은 많이 있다.

일상에서 벗어나 생활리듬에 변화를 주어보자. 여행을 하기 싫으면 서점에 가서 읽고 싶은 책을 사서 보고, 시장골목에 가서 좌판을 놓고 파는 물건도 흥정해보며, 아무튼 일상에서 탈출하여 생활 리듬에 변화를 주어보자.

행운을 창조하자

　나는 어제 보문산에 올랐다. 등산로에 운세를 풀어주는 점쟁이들이 있었다. 그들을 보면서 '원하는 사람들에게 행운을 만들어 줄 수만 있다면 얼마나 좋을까?'라고 생각을 하면서 산책을 마치고, 서재에서 행운에 관해서 쓴 책을 찾아 읽으면서 행운을 창조하는 방법에 관하여 고찰해 보았다.

　성공은 운이 따라야 한다고 생각하는 사람들이 많다. 그러나 행운을 잡은 사람들의 99%는 그 행운을 스스로 창조한 사람들임을 역사가 증명하고 있다.

　역사학자 기븐은 이렇게 말했다. "바람과 파도는 언제나 유능한 항해사의 편이다." 후에 누군가 그 말을 조금 더 현대적인, 그리고 조금은 더 냉소적인 감각으로 이렇게 바꾸어서 말했다. "경기의 승리가 반드시 강한 자와 빠른 자에게 돌아가는 것은 아니지만, 강한 자와 빠른 자에게 내기를 거는 것이 일반적이다."

성공하기 위해서는 목표를 세우고 최선의 준비와 노력을 해야 한다. 어디로 갈 것인지조차 모른다면 부는 바람을 유리하게 이용하지 못한다.

우선 자신이 원하는 것이 무엇인가를 결정하고, 그 목표를 달성하기 위한 준비를 부지런히 해야 한다.

그리고 그 목표에 분명히 도달하리라는 믿음을 가져야 한다. 성공한 모습을 상상해 보자. 적극적인 사고의 중요성은 대부분 인정할 것이다. 적극적인 사고방식을 가지고 있으며, 또한 성취하고야 말겠다는 확고한 의지만 있으면 누구든지 뜻한 바를 이룰 수 있다.

미국의 유명한 골프왕 잭 니클라우스는 퍼트를 하기 전에 컵 속에 담긴 공을 미리 그려보며, 라파엘 셉티엔은 킥을 하기 전에 공중으로 치솟은 볼을 미리 연상한다고 한다. 모세 말론은 슛하기 전에 공이 네트를 갈라놓는 장면을 역시 미리 연상한다고 한다.

맥스웰 말츠 박사의 명저 『인공심리 두뇌공학』에는 운동선수들이 자주 이용하는 상상훈련에 관한 과학적인 연구결과가 나온다. 그가 연구한 바에 의하면, 선수들이 마음으로 연습한 장면과 실제의 장면과의 차이는 아주 근소하다고 한다. 이 마음으로 연습하는 훈련과정은 운동선수들에게 적용되기도 하지만, 우리의 일상생활 속에서도 얼마든지 그 효과를 발휘할 것이다.

성공한 뒤의 자신의 모습을 마음속으로 생각하고 있으면 실제로 성공하는 데 많은 도움이 된다. 마음속으로 그 장면이 현실화될 것을 확신하고 성공한 모습을 항상 그려 보자.

인생에서 성공한 사람은 불행한 출발을 하였고 성공하기 전에 수많은 고통을 겪은 경우가 많다. 그들이 인생의 전환점을 잡은 것은 대개가 최악의 상태에서였다.

헨리는 큰 불행을 겪고 오하이오주 콜럼버스 감옥에 갇히고 나서 훌륭한 소재를 발견했다. 그는 엄청난 불행에도 불구하고 다른 사람들과 친해졌고, 상상력을 이용하여 죄수나 부랑자가 되기보다는 위대한 작가가 되었다.

찰스 디킨스는 우울한 과거 때문에 위대한 작가가 되었다. 첫사랑의 비극은 그의 영혼 깊이 파고들어 그를 세계적인 작가로 만들어주었다.

그러한 비극은 첫 작품 『데이비드 카퍼필드』로 탄생했고 다른 작품들이 연이어 나와 그는 부자가 되었으며, 세계에는 그의 독자가 많이 늘어났다.

헬렌 켈러는 태어난 지 얼마 되지 않아 눈과 귀가 먹어 벙어리가 되었다. 이 같은 불행에도 그녀는 역사의 한 페이지에 그 이름을 장식했다. 그녀의 생활은 절망이 현실로 받아들여지기 전까지는 그 누구도 절망해서는 안 된다는 증거가 되었다.

베토벤은 귀가 먹었고 밀튼은 눈이 멀었다. 그러나 그들의 명성은 그들이 꿈을 체계적인 생각으로 옮겨 놓았기 때문에 영원히 빛나는 것이다.

포드나 앤드류 카네기같이 성공에 도달한 사람들의 비결이란 도대체 무엇일까? 그들은 성공의 일만을 생각했다.

일에 실패하여 고통스러울 때에도 두려움보다는 성공할 수 있다는 믿음을 가지고 성공을 바라보았던 것이다.

물론 쉽지 않다. 그러나 이것이 성공의 법칙인데 어찌하랴! 실패했다고 좌절하고 침울한 얼굴을 하고 있으면 누구 하나 도와줄 사람이 없다. 오히려 성공할 수 있다는 확신으로 성공을 기대하는 밝은 얼굴을 가질 때 돈이라도 빌려준다. 지금 힘들고 어려워도 성공하려면 먼저 '성공'을 생각하지 않으면 안 된다.

행운은 그냥 감나무 아래 앉아서 쉬고 있는 사람에게 오지 않는다. 위의 예화에서 보듯이 올바른 사고思考를 가지고 목표를 위해 열정적인 삶을 살 때 행운이 오는 것임을 알 수 있다.

나는 이 글을 정리하면서 생각해보았다. 보문 산책로에서 운세 풀이를 하고 있는 사람들에게 이글을 보여주면 내 글은 신비함이 없는 당연한 논리일 뿐이라고 말할 것이다.

그렇다. 행운은 갑자기 하늘에서 떨어지는 것이 아니라 스스로 만들어 가는 것이다. 다만 좀 더 창조적인 방법을 찾아 노력하면 행운이 더 빨리 만들어질 것이다.

행운이라고 부르는 상황을 더 많이 만날 수 있는 핵심은 원하는 결과를 가져올 것으로 보이는 행동을 더 많이 하는 것이다.

동시에 원하는 결과와 무관하거나 더 심하게는 원하지 않는 결과를 가져올 듯한 행동은 의식적으로 피해야 한다.

예를 들어 세일즈맨이라면 가망고객을 찾고, 프레젠테이션을 하고, 사후관리를 하고, 더 많은 계약과 추천을 얻기 위해 쉬지 않고 일함으로써 세일즈맨으로서의 성공과 높은 수입, 자부심, 업무만족 등의 결과를 얻을 수 있다. 그런 긍정적 활동을 더 많이 할수록 긍정적인 결과가 더 많이 나타난다.

누구에게나 창조하는 능력이 있다. 행운을 창조하든지 불행을 창조하든지 자기가 선택하는 것이다. 그렇다고 행운을 잡기 위해 여기저기 기웃거릴 필요가 없다.

행운을 창조하는 방법에 대한 글을 읽고 자기 나름대로 정립하여 실천하는 것이 훨씬 더 나을 것이다. 현재 불행한 환경이라고 해도 그곳에서 작은 부분부터 행운을 창조해보자.

유머는 성공의 필요조건

우리나라 사람들은 유머감각이 부족하다. 특히, 지위가 높은 사람들은 다른 사람들을 웃기는 능력이 부족한 것 같다. 조선 시대부터 내려오는 양반 문화 때문인지는 몰라도 높은 분들은 대부분 잘 웃지도 않고 다른 사람들을 웃길 줄도 모르는 것 같다.

특히, 우리나라 정치하는 사람들은 상대방에게 큰소리치는 데는 능수능란해도 위트 있는 말로 자기가 말하고자 하는 것을 표현하는 능력이 부족한 것 같다.

우리나라 국회의원들이 유머를 잘 구사할 수 있다면 우리 사회는 훨씬 더 살맛 나는 분위기가 될 수 있을 것이다. 그런데 인생의 밑바닥을 알지 못하고는 유머를 구사하기 어렵고 유머를 한다고 해도 대중들의 공감대를 형성하기 힘들다.

유머를 할 수 있다는 것은 부족한 것이 아니라, 오히려 능력이 있어야 유머도 할 수 있는 것이다. 큰소리를 잘 치는 사람들이 이기는 것 같지만, 유머를 구사할 수 있는 사람들이 결국 승리하게 되어 있다. 유머는 자신감이 없이는 불가능하다. 자신감이 없는 사람은 쉽게 화를 낸다.

그들은 인생에서 어려움을 만나면 쉽게 좌절하고 누군가가 기분에 거슬리는 충고를 하면 화를 내버린다. 유머는 인간에게 있어서 신념을 표시하는 가장 아름다운 것 중의 하나이다. 긍정적인 사람들은 눈물을 통해서도 웃을 수 있으며 자기에게 화를 내는 사람을 향해서도 미소 지을 수 있다.

또한, 유머는 마음의 상처를 치유하는 과정의 한 부분이다. 유머가 머리를 맑게 하고 두뇌의 화학 작용을 촉진 시킨다고 한다. 우크라 대학의 연구에 의하면 뇌가 유머에 의해 자극을 받으면 화학적 분비물을 내보낸다고 한다.

상대방이 나를 미워하고 화를 낼지라도 우리가 유머를 잃지 않는다면, 결국 상대방을 제압하여 소기의 목적을 달성할 수가 있다. 현대와 같이 스트레스가 가중되고 있는 사회에서 우리에게 꼭 필요한 것은 바로 웃음이며, 웃을 수 있게 하여 주는 것은 유머이다.

도산 안창호 선생이 배재학당에 입학할 때 미국인 선교사 앞에서 구술시험을 치렀다. 선교사가 묻는다.

"어디서 왔는가?"

"평양에서 왔습니다."

"평양이 여기서 얼마나 되나?"

"8백 리쯤 됩니다."

"그런데 평양에서 공부하지 않고 왜 먼 서울까지 왔는가?"

그러자 도산이 선교사의 눈을 응시하며 반문했다.

"미국은 서울에서 몇 리입니까?"

"8만 리쯤 되지."

"8만 리 밖에서도 가르쳐주러 왔는데, 겨우 8백 리 거리를 찾아오지 못할 이유가 무엇입니까?"

구술시험이 끝났고, 도산은 배재학당에 합격했다.

도산은 물론 하고 싶은 말이 많았을 것이다. 기울어 가는 국운, 청년세대의 의무, 그리고 자기의 원대한 포부에 이르기까지. 그러나 도산은 끼를 발휘하여 반문하는 것으로 많은 설명을 대신했다.

리더는 많은 사람들을 이끄는 위치에 있는 만큼 공격이나 비난을 받는 경우도 많다. 그런 상황에서 자제력을 잃고 흥분하는 모습을 보이면 리더로서의 권위는 손상당하게 된다.

유능한 리더가 되려면 어떤 상황에 직면하더라도 절대 흔들리지 않고 그것을 반전시킬 수 있는 능력을 갖춰야 한다. 이때 유머를 활용하면 직접적인 대응보다 훨씬 탁월한 효과를 발휘할 수 있다.

케네디 역시 유머를 통한 반격에 남다른 능력을 지녔던 사람이다. 그가 43세의 나이로 대통령에 입후보했을 때 상대는 산전수전 다 겪은 노련한 닉슨이었다.

당연히 선거의 쟁점은 '경륜이냐 패기냐'로 모아졌고, 닉슨은 거기에서 우위를 점하기 위해 선거기간 내내 케네디를 '경험 없는 애송이'로 몰아붙였다.

이에 대해 케네디는 연설에서 이렇게 반박했다. "이번 주의 빅뉴스는 국제문제나 정치문제가 아니라 야구왕 테드 윌리엄스가 나이 때문에 은퇴하기로 했다는 소식입니다. 이것은 무슨 일이든 연륜과 경험만으로는 충분하지 않다는 것을 입증하고 있습니다."

물론, 케네디의 당선이 이 한마디 때문이었다고 말할 수 없다. 하지만 그가 이 유머를 통해 닉슨의 '애송이론'에 대한 통쾌한 반격을 가했던 것만은 분명한 사실이다.

야구왕의 은퇴 소식을 유머로 이용해서 '노장의 한계'를 부각시킨 것이 효과적이었던 것이다.

리더뿐만 아니라 평범한 직장인에게도 유머는 성공적인 직장생활에 도움을 준다.

온라인 취업포털 사람인(www.saramin.co.kr)은 직장인 500명을 대상으로 설문 조사한 결과 '유머감각이 직장생활의 성공에 영향을 미친다'고 생각하는 사람이 전체 응답자의 85.8%를 차지했다고 2005년 8월 4일 자 조선일보에 보도된 것을 보았다.

세상의 여러 가지 경험을 하면서 산전수전 다 겪은 후에 유머를 구사하면 더욱 듣는 사람들이 실감 나게 듣는다. 세상을 어느 정도 달관해야 유머도 구사할 수 있으며, 의미 있는 유머를 할 수 있다.

어려움을 극복하고 정제된 언어로 유머를 하면 많은 사람이 공감하게 된다. 유머는 성공의 필수 조건은 아니지만, 성공한 후에 유머를 구사할 수 있다면 우리 사회를 더욱 활력 있게 만들 것이다.

세상사에 대하여 너무 심각하게 생각하는 것보다 가볍게 넘기는 자세도 필요하다.

우리 직원 중에 한 명은 승진 인사에 누락됐다고 우울증이 걸린 사람이 있다. 사무관인데, 서기관 인사에 누락 되었다고 혼자 고민하다가 우울증에 걸렸다는 것이다.

내가 볼 때는 딱한 사람이다. 우리보다 힘들게 살아가는 사람들이 얼마나 많은가? 그들을 한 번만이라도 돌아보는 계기를 가졌다면 자기 혼자 우울증에 걸리지는 않았을 것이다.

아무리 심각한 일 앞에서도 그냥 웃어넘길 수 있는 자세가 중요하다. 이런 자세를 가질 때 다른 사람을 웃길 수 있는 능력을 가질 수 있다.

유머를 배우자. 다른 사람들을 웃기는 기술을 연마하자. 특히, 사회에서 지도자의 꿈을 가지고 있는 사람들은 유머를 꼭 배우자. 혼자 심각한 척 고민하거나 그렇게 중요한일도 아닌데 목청을 높이지 말고 유머를 하면서 인생을 사는 지혜를 배우자.

나에게
주는
표창장

펴 낸 날   2014년 2월 12일

지 은 이   황선만
펴 낸 이   최지숙
편집주간   이기성
기획편집   윤은지, 이윤숙, 윤정현, 김송진
표지디자인 신성일
펴 낸 곳   도서출판 생각나눔
출판등록   제 2008-000008호
주   소   경기도 고양시 덕양구 화정동 903-1번지, 한마음프라자 402호
전   화   031-964-2700
팩   스   031-964-2774
홈페이지   www.생각나눔.kr
이 메 일   webmaster@think-book.com

• 책값은 표지 뒷면에 표기되어 있습니다.
  ISBN 978-89-6489-260-2   03190
• 이 도서의 국립중앙도서관 출판 시 도서목록(CIP)은 서지정보유통지원시스템 홈페이지
  (http://seoji.nl.go.kr)와 국가자료공동목록시스템(http://www.nl.go.kr/kolisnet)에서
  이용하실 수 있습니다(CIP제어번호: CIP2014001879).